WAPPENWAND
Gemeinden
alle der Bezirkshauptmannschaft
See

Richard Treuer • Bergheimat Pinzgau

Herrn Oberstleutnant
Koppensteiner gewidmet
von der Gemeinde Bramberg
zur Erinnerung und
Gruß

Bürgermeister

EHRENTAFEL

Besonderen Dank sprechen Autor und Verlag folgenden Körperschaften, Institutionen und Persönlichkeiten für die Förderung dieses Bildbandes aus:
dem Amt der Salzburger Landesregierung mit den Landeshauptleuten DDr. H. Lechner, Dr. W. Haslauer und Herrn LHStv. Dr. H. Moritz, Herrn Bezirkshauptmann Hofrat Dr. M. Effenberger, Zell am See, und Herrn Dir. Dr. F. Ruedl.

Zur Verwirklichung dieses Buches haben sich alle Pinzgauer Gemeinden eingesetzt. Der Dank gilt den Bürgermeistern und Gemeindesekretären in

Bramberg	LAbg. K. NINDL	F. BACHER
Bruck a. d. Glstr.	Präs. J. SCHWAIGER	G. HEBER
Dienten	P. BURGSCHWAIGER	A. TEVINI
Fusch	S. EMBACHER	G. MAIERHOFER
Hollersbach	J. HOCHWIMMER	F. LACKNER
Kaprun	H. BIECHL	B. LACKNER
Krimml	F. OBERHOLLENZER	F. BACHMAIER
Lend	A. PRIMIG	H. SCHARFETTER
Leogang	Dkfm. Dr. A. STEIDL	H. MAYRHOFER
Lofer	R. EDER	P. ASEN
Maishofen	J. BRUNNER	A. RAINER
Maria Alm	H. STÖCKL	J. SCHWAIGER
Mittersill	W. REIFMÜLLER	E. VOITHOFER
Neukirchen	A. PICHLER	J. STEINER
Niedernsill	E. BRENNSTEINER	A. VORREITER
Piesendorf	Ök.-Rat J. BERNSTEINER	G. BAYER
Rauris	A. ALTENHUBER	St. REITER
Saalbach	P. MITTERER	K. HINTERREITER
Saalfelden	K. REINTHALER	J. SOMVI
St. Martin	R. DÜRNBERGER	F. WIMMER
Stuhlfelden	J. STEINER	F. RUMMER
Taxenbach	HOL Ch. ASCHABER	A. STEINBERGER
Unken	R. HERBST	G. KRIMBACHER
Uttendorf	NRAbg. K. MAIER	A. ENZINGER
Viehhofen	G. NEUMAYER	A. SCHNEIDER
Wald i. Pzg.	J. EBERHARTER	J. HÖLZL
Weißbach	P. HOHENWARTER	J. SCHMUCK
Zell am See	VD A. LATINI	
	Vbgm. BL H. MANZL	
	und Prof. Dr. W. THALER	

Der Autor dankt dem Verlag der Salzburger Druckerei, besonders Herrn Dr. Ferdinand *Ahr* für die feinsinnige Beratung und Gesamtgestaltung und Herrn Chefredakteur Alfred *Adrowitzer* für die vielseitige, wertvolle Unterstützung sowie allen Herren des technischen Betriebes für ihren besonderen Einsatz.

Richard Treuer

Bergheimat
PINZGAU

VERLAG DER SALZBURGER DRUCKEREI

Die Herausgabe dieses Buches förderten dankenswerterweise durch Druckkostenzuschüsse

die Kammer der gewerblichen Wirtschaft

die Kammer für Arbeiter und Angestellte

die Kammer für Land- und Forstwirtschaft

die Kammer für Arbeiter und Angestellte in der Land- und Forstwirtschaft

die Salzburger Sparkasse

der Raiffeisenverband Salzburg

die Volksbank Salzburg

das Bankhaus Carl Spängler & Co., Salzburg

2. Auflage

© 1977 by Verlag der Salzburger Druckerei. Printed in Austria. — Sämtliche Rechte vorbehalten. — Gesamtherstellung: Salzburger Druckerei, Salzburg, Bergstraße 12

ISBN 3-85338-120-0

INHALT

Ehrentafel . . 2
Dem Heimatbuch zum Geleit . . 6
Bergheimat Pinzgau . . 7
Bildteil: schwarzweiße und vierfarbige Illustrationen . 9—150
Das heimatliche Jahr . . 103
Die Landschaften . . 151
Von Wirtschaft, Handel und Verkehr . . 154
Zur Geschichte und Kunst . . 156
Literatur-, Quellen- und Fotonachweis . . 159
Verzeichnis der Abbildungen . . 160

Das Bild auf dem vorderen Einband

Maria Alm mit dem Steinernen Meer: Von links Schöneck, die Schönfeldspitze in Wölkchen, Buchauerscharte und Selbhorn. — Das Geschlecht der Herren von Alm wird 1160—1511 genannt, 1280 Alben als Ort. — Im Bild der Blick vom „Briefler-Bauern" auf Alm. Die Marienwallfahrtskirche erhielt 1429 einen päpstlichen Ablaßbrief, ist reich an Kunstschätzen und beliebte Hochzeitskirche; der spätgotische Bau wurde 1508 geweiht; der Turm ist 83 Meter hoch und der höchste des Landes.

Dem Heimatbuch zum Geleit!

Über Zweckmäßigkeit und Wert von Heimatbüchern ist schon viel geschrieben und gesprochen worden. Viele bezweifeln die Berechtigung deshalb, weil solche Bücher nur einen kleinen Bereich beschreiben und daher nur für einen kleinen Personenkreis von Bedeutung sein können. Manche meinen wiederum, daß gerade in unserer heutigen Zeit das Leserinteresse sich auf andere Druckwerke erstreckt und Heimatbücher deshalb nicht sonderlich gefragt sind.

In Erkenntnis all dieser Für und Wider wurde bei diesem Heimatbuch ein anderer Weg eingeschlagen. Es will in einer bunten Bilderfolge Geschichte, Kultur, Landschaft und Menschen zeigen und in kurzen Texten, die zweifellos eher gelesen werden als lange Abhandlungen, auch alles Wissenswerte vermitteln. Dieser Art eines Heimatbuches kommt schon deshalb besondere Bedeutung zu, weil es den Menschen dieses Gaues, besonders aber allen, die jetzt und später für diese Landschaft Verantwortung tragen, zeigen soll, wie notwendig und wichtig es ist, sie zu erhalten, damit sie Erholungsraum bleiben kann.

Der Pinzgau, der mit 2.641 Quadratkilometern sogar etwas größer ist als das Bundesland Vorarlberg, weist abwechslungsreiche landschaftliche Schönheit auf. Im Süden erheben sich in majestätischer Größe die Bergriesen und die Gletscherfelder der Zentralalpen, im Norden prägen die schroffen Kalkberge die Landschaft, und zwischen diesen beiden Gebirgen ziehen sich die Pinzgauer Grasberge hin, oft bis hoch hinauf bewaldet und zum Teil mit grünen Almweiden bedeckt. Sie sind als Aussichtsberge berühmt. Diese geografischen Besonderheiten sind bestimmend für die Mannigfaltigkeit des Bezirkes: abwechslungsreiche Längs- und Quertäler, Klammen mit tosenden Wassern, Gletscherbereiche; Wälder und schroffe Bergmassive geben Raum dem schönen Talbecken von Saalfelden sowie der Seelandschaft um Zell am See.

Es ist verständlich, daß dieses Buch nicht alle Bereiche, die für den hier Geborenen und den Gast von Bedeutung sind, erfassen kann. Es werden nur Schwerpunkte dargestellt, die in besonderer Weise den Pinzgau charakterisieren. Schließlich soll dieses Buch ja auch den Zweck erfüllen, daß es den Betrachter und Leser anregt, diese Landschaft selbst zu erwandern und ihre bekannten und verborgenen Schönheiten kennenzulernen.

Ich möchte dieses Buch mit dem Wunsch auf die Reise schicken:

Bringe Einsicht und Freude allen, die dich zur Hand nehmen, und verkünde, daß sie die Verpflichtung haben, dich so kraftvoll und echt zu erhalten, wie du bist!

Hofrat Dr. Maximilian Effenberger
Bezirkshauptmann, Zell am See

Bergheimat Pinzgau

DAS LAND

wo die Berge urweltlich wild und weit himmelstreben, Gipfel und Grate zacken; um Eisbrüche und Bratschen die Nebel dampfen, über silbernen Firnen und dunklen Felsen Wolkenfahnen emporflattern;
aus smaragdgrünen Karseen und steinrobbelnden Wänden die Wasser rumoren und rauschen, auseinanderrinnen in moosigweiten Hochalmen, springen und spritzen von Hängen und Halden, gischten in Talstufen und Tobeln, donnern in Kaskaden und Klammen, hinausfließen durch fichtene Wälder, grasige Weideböden —
das ist das Land, wo meine Ahnenhöfe stehn.

DIE HÖFE

jahrhundertelang auf steilem Sonnseithang, schauen sie nieder auf das kleine Stück sanft geneigten Bodens, dem unsagbar schwere Bauernarbeit abgerungen ein erdarmes Bauerngartl mit ein paar bunten Blumen und ein Feld, wo regengepeitscht das dünne Korn liegt;
sie schauen auf zum hohen Wald, der lahnschirmend droben wächst; sie schauen aus und ein, die tiefen Tauerntäler, achauf bis zu den Keesen und Felshörnern.
Häuser auf Fels, unten steingemauert und weißgekalkt, mit tiefen Fensterluken; darüber Schrotholz braungesonnt, mit froh verziertem Umgang, von dem rote Nelken hängen; mit flachem, steinbeschwertem Dach auf segenbewehrtem Firstbaum, unter dem der Palmbusch wetterwendet, über dem das Glocktürml lugt.
Ställe fürs liebe Vieh, breit, sonnigbraun, oben hölzern schrägausladend, mit gelbem Stroh hinter grauem Holzgestäng.
Stadel fürs Heu, auf steilsten Leiten, aus Bloch, oft schiefgerutscht und schwarzgebrannt, drüber silberglänzende Schindeln.

HUNDERTE MALE

kam der Bergfrühling: im Föhnsturm, der über die dunkelblauen Tauerngrate springt, warm und leckend, daß die Lawinen rollen, die Grundlahnen poltern, auf Aperbraun Eisglöckchen, Enzian und Bergkirschen hoch hinan erblühen in rauher, erdschmeckender Luft.
Der B e r g s o m m e r : Wenn das grelle Grün sich abtönt, tausend Blumen sonnsterbend den berauschenden Duft des Heues schenken; Hochwetter mit grellen Blitzen und Eisgehagel prasseln; in lauen Nächten die Sterne groß über den Gipfeln funkeln ...
Der H e r b s t am Berg: kühl und weitsichtig klar; wo Berg und Baum durchsonnt golden; pilzfeuchte Lüfte ziehen; Vogelbeeren rot reifen; die Bergkirschen feuerfarben flammen; das Almvieh heimwärtsglockt; bald kalte, blaue Schatten immer höher kriechen; dann grauer Nebel die Sonnen völlig frißt.
B e r g w i n t e r : Der Schnee unendlich niederflockt; der Sturm vor den Fenstern orgelt, um die Ecken auswebt und vorn überwächtet; bis nach langdunklen, zaubrigen Rauhnächten der Himmel aufreißt und die Sonne leuchtend über dem Tauernkamm wieder emporsteigt.

Das sind die Ahnenhöfe, wo meine Vorväter und Urmütter liebten und litten, rodeten und rangen, wo sie nach kargem Leben zur ew'gen Ruh die Augen schlossen.

VÄTER:
hoch und hart, streng und stolz.

MÜTTER:
schweigsam, schön; fromm und froh Liebe und Leben tragend. Sie alle in allem gefaßt, unbeugsam in Kampf und Not, stark und treu. Sie alle in Leib und Seele aus und auf der Scholle frei!

DAS SIND MEINE AHNEN
In mir braust und singt ihr Lied, mein Lied, der himmelhohen Berge, orgelnden Winde, flammenden Wolken, brausenden Wasser, der donnernden Lawinen — das Lied der Freiheit!

Richard Treuer

Das Habachtal mit seiner alten Gipfelflur

über dem mächtigen Habachkees zeigt die unberührte Größe, Stille und Lichtflut eines Pinzgauer Tales in den Hohen Tauern. Von links: Kratzenberg, Schwarzkopf, Grüner Habach, Hohe Fürleg (3244 m), die vor dem Großvenediger liegt. Im Habachtal wurden schon zur Römerzeit Smaragde gefunden.

Blick "in das gelobte Land des Pinzgaues" vom Hochkönig

Unten vorn Bergdienten und Dorf Dienten, links hinaus der Dientner Graben. Ganz vorn links die Straße nach Mühlbach im Pongau, rechts zum Dientner Sattel und nach Hintertal. Speichenförmig ordnen sich die Höhenrücken der almreichen "Grasberge" (Schiefer) um den Hohen Hundstein. Jenseits der Salzach die "Keesberge" (Kees = Gletscher) der Hohen Tauern (Zentralalpen), von der Pfandlscharte mit Großglockner, Großem Wiesbachhorn, Hochtenn, Hocheiser, Kitzsteinhorn mit Schmiedingerkees bis zum Großvenediger.

Dientner Graben vom Rauchkögerl über Lend (ganz vorn am Bildrand)

Über dem Salzachengtal mit Bundesbahn und Bundesstraße links der Burgberg der Herren von Goldegg. Dahinter bezeichnen die Hochfläche von Eschenau (links) und der Boden des Scheibling- oder Pöndlsees (rechts) einen alten Salzachlauf. Hohe Sonnseitrodung und Heckenlandschaft. Hinter den Schieferbergen die Südabstürze der „Steinberge" (Hochalpenkalke) des Steinernen Meeres (mit Persailhorn, Breithorn, Schönfeldspitze, Selbhorn) und Hochkönigs.

Dienten am Hochkönig (1071 m)

Neben der zweischiffigen, 1506 geweihten Nikolauskirche eine jahrhundertealte Linde, dahinter das Dorf — ältester Name Tuonta. In den Schieferbergen wurde von der Vorzeit bis 1864 auf Eisen geschürft. In Bildmitte der Zachhof, Gewerkenhaus von 1557. Sehr schneereicher Wintersportort. Hinten Hochkönig (2941 m), links Lausköpfe, rechts Taghaube.

Eschenauer Boden, Lend im Salzachtal, Eingänge ins Gasteiner Tal

Vorn Eschenau (Gemeinde Taxenbach). Lend, wo im 16. Jh. Salzachtriftholz für die Goldbergbaue in der Rauris und Gastein mit Holzrechen „geländet" und zu Holzkohle verarbeitet wurde, hieß früher Hirschfurt. 1890–1905 (Eröffnung der Tauernbahn) standen im Poststall 300 Pferde für den Gasteinverkehr. Im Werk der Salzburger Aluminium-AG. (SAG) wird Bauxit in 20 80.000-Ampere-Elektrolyseöfen ausgeschmolzen. Straße zur Gasteiner Klamm. Rechts alter Übergang bei der „Drei-Waller-Kapelle".

Hochfläche von Embach (Gemeinde Lend) vom Gschwandtner Berg

Tief unten das Salzach-Durchbruchstal, die Taxenbacher Enge, darüber links der Brandkogel, das nun beruhigte Rutschgebiet, die Schotter der Embacher Blaike und der sonnige Boden mit Embach. Rechts das Rauchkögerl, davor der Eingang ins Teufenbachtal. Fernblick auf Höllwand, Hasseck (dahinter die Paarseen) und Arlspitze oder „Schuhflicker" im Gasteiner Tal.

Einblick in das Rauriser Tal vom Gschwandtner Berg

(Gemeinde Taxenbach). Über dem tiefen, engen Salzachtal auf sonniger Terrasse der Edthof (mit Römermünzenfund) am sehr alten Schattseitweg. Links davon Platz der „alten Burg zu Taxenbach" der Grafen von Goldegg, 1322 vom Erzbischof zerstört. Hell die Klammkalkfelsen der Kitzlochklamm der Rauriser Ache. Darüber links die Siedelfläche von Winkl, rechts von March. Im Tal Rauris, dahinter links Kramkogel, Türchlwand, am Talschluß Schareck (3122 m), rechts der Roßkopf.

Taxenbach und Taxenbacher Enge von der Rauriser Straße

Über dem Salzach-Durchbruchstal der ehemals kleinste Markt des Pinzgaues; alter Straßenort, seit 1200 Pfarre, mit barockisierter Kirche zum hl. Andreas. Darüber der Penninghof aus dem 13. Jh., einst Herrensitz, und Gschwandtner Berg mit hoher Sonnseitrodung und altem Weg nach Eschenau (ganz hinten) mit gotischer Kirche und großer Linde. Beide Orte haben sehr mildes Klima. In Bildmitte Ruine des „neuen Schlosses Taxenbach" von 1322, rechts hinter der Lärchengruppe Platz der „alten Burg".

In der oberen Kitzlochklamm

Wenige Minuten von der Bundesbahnhaltestelle Kitzlochklamm beginnt der versicherte Steig durch die von der Rauriser Ache mit einem Gefälle von 140 m durchtoste untere und obere Klamm — mit ehemaliger Einsiedlerklause —, der zum „Landsteg" im Rauriser Tal führt.

Rauris, das „Goldene Marktl" (hieß Gaisbach, die Talschaft Rauris)

Aus dem 15. und 16. Jh. stammen die Kirche zum hl. Martin, „Der Pinzgauer Dom", steinerne Gewerkenhäuser und die Fürstenmühle (links) von 1565. Bei Wörth Gabelung in das Seidlwinkltal rechts mit einst verkehrsreichem Saumweg zum Hochtor und das Hüttwinkltal links. Ganz links, am Talschluß, der Hohe Sonnblick, rechts Ritterkopf, Edlenkopf, Edweinschöderkopf.

Bärnkogel (2324 m) **und Sladin** (2304 m) **vom Anthaupten**
über dem Talschluß des Teufenbachtales (der Name weist auf alte Bergbaue, wie Sladin = Goldberg). Über beide Berge, die zum Gasteiner Tal steil abfallen, verläuft die Grenze zum Pongau.

Kolm-Saigurn mit Hohem Sonnblick (3105 m) **und Goldzechkopf** (3042 m)

Talschluß des Hüttwinkltales mit schönen Zirben und altem Knappenhaus. Auf dem Sonnblickgipfel die höchste Wetterwarte Österreichs, 1886 erbaut von Ignaz Rojacher („Kolm-Natz"), dem letzten, erfolgreichen Bergherrn. „Saigern" weist auf das Reinigen der Golderze hin.

Kolm-Saigurn mit Goldzechkopf, Goldzechscharte und Hocharn (3254 m)

Von der „Grieswies" rechts bis hoch über die donnernden Bergwasser zur Goldzechscharte reichten einst zahlreiche Bergbaue. Der Proviant wurde mit Ziegenböcken auf dem „Bocksamsteig" emporgebracht, die Golderzbrocken in Ledersäcken in gefährlichem „Sackzug" von Knappen ins Tal befördert.

Alte Knappenlaternen aus Rauris erzählen vom einstigen Goldbergbau

Schon früh wurde aus der Salzach und den Tauernbächen Gold gewaschen. Die 1. erzbischöfliche Bergordnung stammt von 1342, die wichtigste von Mathäus Lang, 1528. Seit 1344 wurden Bergbaue an Gewerken verpachtet, die ihre Mittel einsetzten und viele Knappen mit Eisen, Schlägel und Feuersetzen im harten Gneis bis 2800 m Höhe werken ließen. Die Bergbauhochblüte begann 1460, schon vor 1600 versiegte der Bergsegen, die Gletscher rückten vor. Ignaz Rojacher von Rauris glückte eine kurze Nachblüte 1880—1888.

Der Weberpalfen bei Gries

war eine typische vorgeschichtliche Höhensiedlung: Felsig aufsteigend aus dem Salzachtal, rechts mit künstlich versteilter Böschung, trug er auf fast ebener Kuppe jahrhundertelang — in der späten Bronze- und frühen Eisenzeit — Hütten und eine Schmiede. Hinten schaut der Kirchbichl von St. Georgen (spätsteinzeitlich besiedelt) das Salzachtal weit auf und ab. Die Wallfahrtskirche birgt eine rotmarmorne Retabel von 1518.

Bruck an der Großglockner-Hochalpenstraße und Einblick ins Fuscher Tal

das als einziges Tauerntal fast ohne Stufe ins Salzachtal mündet. Von der Salzachbrücke (km 0) bis Dorf Fusch sind es 7 km, von wo eine Straße nach Bad Fusch im Weichselbachtal emporführt, überragt vom Schwarzkopf (2764 m); bei km 13 der Talboden von Ferleiten. Rechts Hochtenn-Schneegipfel (3317 m). In der Kirche die spätgotische „Maria auf dem Eis", nach der Legende von einer Eisscholle geborgen, im Dorf eine Volks-, Haupt-, Landes-Landwirtschafts- und Hauswirtschaftsschule.

Fusch, Hirzbachfall

Der Hirzbach (Hirz = Hirsch) sammelt seine Wasser im Hirzbachtal unter dem Hochtenn, wo 30 Gewerken um 1530 kurze Zeit auf Gold gruben. Der prachtvolle Wasserfall schäumt nahe dem Dorfe Fusch (Name vom lateinischen „fusca" = dunkel?), das schon 963 urkundlich genannt und dessen Kirche 1344 belegt ist. Der Bergführerverein Fusch reicht in die Anfänge des Alpinismus zurück und vereinte angesehene Bergführer der Glocknergruppe.

Großglockner-Hochalpenstraße: „Hexenküche" und Kloben (2938 m)

über dem Spielmannskees, seit dem 16. Jh. mit Stollen auf Gold und Silber, bis sie vom Gletscher begraben wurden. Die Straße, 1930—1935 erbaut, ist vor allem Landeshauptmann Dr. Franz Rehrl und „Glocknerhofrat" Dipl.-Ing. Franz Wallack zu danken. „Durchzugsstraße" Bruck—Heiligenblut 47,8 km, 2 Abzweigungen: „Gipfelstraße" Fuscher Törl—Edelweißspitze (2571 m) und „Gletscherstraße" Guttal—Franz-Josef-Höhe (2362 m). Steigung ca. 9 Prozent. 1969 befuhren die Straße erstmals im Jahr 1 Million Menschen.

Großglockner-Hochalpenstraße: Käfertal und Fuscher Eiskar

mit Sonnwelleck (3261 m), Fuscherkarkopf (3331 m), Breitkopf (3154 m). Die Straße folgt teils einem römischen Karren- und mittelalterlichen Saumweg. Vom 12.–17. Jh. führte die „Obere Straße" Salzburg–Saalachtal–Fusch bzw. Salzachtal–Rauris, über das Hochtor und Heiligenblut, Iselsberg, Gailberg, Plöckenpaß nach Gemona. Im Saumzug trugen Rosse meist in 2 flachen Holzfäßchen Salz hinüber, nasse „Largel" edlen Rabiola-Weines aus Friaul herüber, aber auch Waren „in Truhen" und „in Stricken".

Schloß Fischhorn, Zeller Senke und Zeller See gegen Norden

Burg Vischarn (= Fischplatz), 1227 erstmals genannt, 1270 vom Bischof von Chiemsee erworben, Pflegersitz, 1526 im Bauernkrieg angezündet, weshalb die Bauernführer von den zwei großen Höfen vorne, „Gaferl" und „Woferl", hingerichtet wurden, woran noch eine große Eiche und Linde erinnern. Zeller Moos, links Schüttdorf und Zell am See, rechts Thumersbach. Nur durch die Zeller Senke kann man von den Zentral- zu den Nördlichen Kalkalpen sehen.

Flachboot mit Stehruder und Alttrachten von 1820 auf dem Zeller See

Links Eingang ins Fuscher Tal, rechts Hochtenn-Schneegipfel (3317 m) und Imbachhorn (2470 m). Der See (750 m ü. d. Meer) hat eine Fläche von 455 ha und ist bis 68 m tief. Der alte Ruep, in kurzer Joppe und Lederbundhose, führt Mutter und Tochter im „Miederwurstgewand" (über kurzem, farbigem Mieder ist ein Wulst eingelegt, wodurch der weite Kittel hinten gerade fällt) mit späteren, hohen, grauen Hüten und den Mann mit der Tracht aus der gleichen Zeit.

Blick von der Schmittenhöhe durchs Schmittental auf Zell am See

Vorne die Stützen der Schmittenhöhe-Seilbahn. Auf der anderen Seeseite der Stadtteil Thumersbach mit zahlreichen Hotels und Pensionen. Das Gut Thumersbach kam 1141 an das Kloster St. Peter zu Salzburg. Schönes Strandbad! Das Ronachköpfl ist durch Sessellift und Güterweg erschlossen.

Links der Hohe Hundstein, rechts der Hahneckkogel (1854 m), der höchste, völlig bewaldete Berg Österreichs. Fernblick auf Hochgolling, Höllwand, Arlspitze, Faulkogel, Mosermandl, ganz rechts Bärnkogel, Sladin, Grubereck.

Blick von der Schmittenhöhe (1968 m) zu den Hohen Tauern

Links Imbachhorn, Hochtenn, Großes Wiesbachhorn. Über dem stufigen Kapruner Tal mit den Sperrmauern der Stauseen der Tauernkraftwerke grüßt der Großglockner (3797 m), der höchste Berg Österreichs. Rechts thront das Kitzsteinhorn über dem Schmiedingerkees. Die Schmittenhöhe, berühmter Aussichts-, Wander- und Schiberg, ist durch die Schmittenhöhe-Seilbahn, die Sonnkogelbahnen und zahlreiche Lifte erschlossen. Abwechslungsreiches Schigebiet mit leichten bis schneidigen Abfahrten.

Maishofen mit dem Steinernen Meer

Mais, mundartlich „Moas" = Holzschlag, die früheste Siedlung war von Wald umgeben. Vorn Atzing, südlichster Ort des großen Halbkreises von „ing-Siedlungen" um Saalfelden aus dem 6. Jh. (bajuwarische Landnahme), geht auf den Namen des Sippenführers zurück: Atzo-ing. Maishofen, sonnig gelegen, verbindet altes — vorn links Schloß Saalhof, Herrensitz von 1609 — mit neuem: Mittelpinzgauer Molkerei, Lagerhaus an der Bahn, Gasthöfe und Pensionen. Heimat des bedeutenden österreichischen Malers Prof. Anton Faistauer († 1930).

Die Zentrale des Rinderzuchtverbandes Maishofen

der 2300 Betriebe mit ca. 20.000 Kühen im Lande Salzburg und den Bezirken Kitzbühel und Kufstein in Tirol betreut und damit einer der großen Rinderzuchtverbände Österreichs ist. Monatlich werden Zuchtkühe, Zuchtstiere und Einstellrinder versteigert, jährlich rund 3500 Stück. Bestqualifizierte Rinder werden in 3 Kontinente exportiert.

Das „Schidorf Saalbach" (1003 m) **mit dem Schattberg** (2020 m)

durch Seilbahn und Lifte erschlossen, mit rassiger Nordabfahrt und bis 7 km langen, leichten Abfahrten. Dahinter die Dreitausender der Hohen Tauern. Schattseite bewaldet, Sonnseite hoch hinauf gerodet. Kirche zum hl. Bartholomäus und Nikolaus, 1410 erwähnt, mit altem Turm, 1718 von Stumpfegger aus Salzburg neu erbaut, hat schöne schwarzgoldene Barockaltäre. Neben der Kirche der alte Wartturm. Das Schidorf hat weder Nebel noch Föhn, aber Schneesicherheit und internationalen Ruf.

Saalbach-Hinterglemm mit Zwölferkogel im Kranz schöner Schiberge

Hinten der Großvenediger, davor dunkel Schönhoferwand, Zwölfer mit Liftbergstation (1984 m), darüber die Penhab, ganz rechts Gaisstein. Die Saalach durchfließt das Glemmtal. „Temperaturumkehr" im Winter: „Steigt man um an Stock, wird's wärmer um an Rock." Daher waren die Bauernhöfe früher am Sonnseithang. Im Winter begeistern die fast baumfreien Schihänge, im Sommer die grüne Ruhe der Landschaft. 7500 Betten, 1 Seilbahn und 45 Schilifte sowie 35 km gepflegte Wanderwege bietet Saalbach-Hinterglemm.

Altenberg und Wirtsalm an der Sausteige ober Viehhofen im Glemmtal

1000 vor Chr. das größte Kupferbergbaugebiet des Gaues. Vorn die Saalach, in die von links der Arz-(= Erz)bach mündet. Die vielen kleinen Hügel in der Bildmitte weisen auf Furchenpingen, Scheidehalden, Schmelzplätze „der Alten", daher „Altenberg". Man fand u. a. „Reibsteine" (Granitfindlinge mit Mulden, entstanden durch Zerkleinern der Erzstücke mit Fauststeinen, die kugelig wurden). Das taube Gestein wurde ausgeschlämmt, in Steinöfen das Erz ausgeschmolzen, zurück blieben Schlackenfladen.

Pinzgauer Bronzefunde aus der Bronze- (1800–1000 v. Chr.) **und Eisenzeit**
(1000–15 v. Chr.). In der Steinzeit (bis 1800 v. Chr.) hatte man bei uns Waffen und Werkzeuge aus Stein und Bein. Dann brachten die Kupferfunde in den Schiefarbergen (Viehhofen!) eine Lebensumwälzung: Man lernte, das weiche Kupfer mit Zinn zur härteren Legierung Bronze auszuschmelzen, zu schmieden, zu gießen, zu Draht zu ziehen. (Links Dolch vom Elendboden an der Glocknerstraße, Schwert von Hallenstein, Lappenaxt.) Um 1000 fand man das Eisen (Dienten!), aus dem man zuerst Waffen schmiedete; Geräte und Schmuck blieben noch lange aus Bronze (Biberhirsch, Armreifen). Bei uns herrschten 1000–400 v. Chr. die Veneter (Venedigermandlsagen!), dann die Kelten.

Hortfund von zehn Einzelstücken zu fünf spätrömischen Bronzegefäßen

aus der Zeit 60–130 n. Chr., mit alten Bruchstellen, vom Westhang der Bergstraße in Zell am See, vielleicht von einem Händler einst versteckt. Bezeichnend die Kleeblattgefäße, verzierten Henkel, das Medusenhaupt; am Henkel der Kasserolle Fabrikationsstempel aus Capua. Die Römer besetzten 15 v. Chr. das keltische Königreich Noricum und besiegten den Keltenstamm der Ambisontier an der oberen Salzach („Isonta", ein rhätisch-illyrischer, also vorkeltischer Name), von ihnen stammt vermutlich die Gaubezeichnung, im 8. Jh. n. Chr. „Bisontio".

Mittelalterliche Pinzgauer Pergament-Urkunden des 14. und 15. Jh.s

(aus Saalfelden, Dechantshof), meist über Kauf oder Tausch von Liegenschaften, in deutscher Sprache, von Grundherren und Zeugen mit weißem oder rotem Wachs gesiegelt (links Wappen der Goldegger), zusammengefaltet. Die Pinzgauer Bauern waren schon nach 1400 persönlich frei, doch gehörten Grund und Höfe verschiedenen Grundherren (Erzbischof, Klöstern, Pfarren, Adeligen). Die Bauern hatten „Iteme" (in Urbarien einzeln verzeichnete Liegenschaften) zur Nutzung meist in „Erbpacht" gegen Natural- (später Geld-) Abgaben und Dienstleistungen, die nicht hoch, in der Vielfalt aber lästig waren.

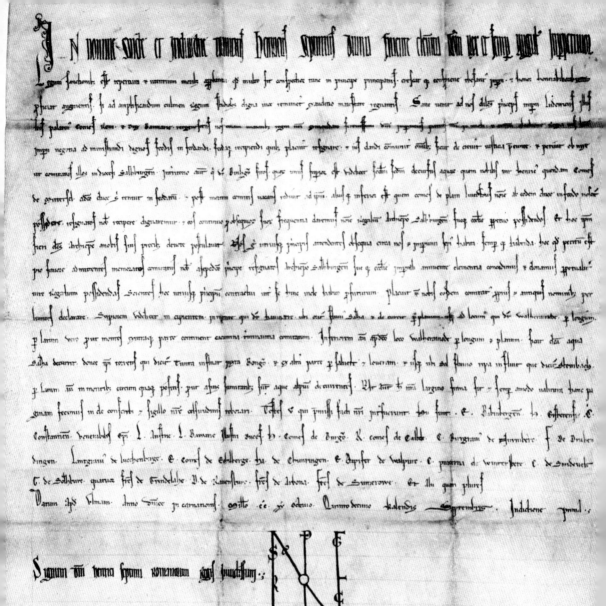

Urkunde König Heinrichs VII. von 1228

über die Belehnung des Salzburger Erzbischofs Eberhard II. mit den Grafschaften Oberpinzgau von Krimml bis zur Walcher Einöde (die Grafen von Lechsgemünd–Mittersill–Matrei, 1210 ausgestorben, hatten sie vom Bayernherzog zu Lehen) und Unterpinzgau von der Walcher Einöde bis Lend und Unken (die Grafen von Plain hatten sie als bayerisches Lehen). Beide Grafschaften tauschte Eberhard II. gegen Besitzungen in Bayern vom Bayernherzog ein. Der König „vollzog" die vom Schreiber vorgeschriebene Königssignatur auf der Urkunde, indem er einen bestimmten, fehlenden Strich einsetzte. Das Königssiegel fehlt leider.

Meister des Krippenbaues und Schnitzer Xandi Schläffer, Saalfelden

gestaltete schon viele Pinzgauer Krippen mit feinsinniger Verwendung heimatlicher Landschafts- und Bauformen, lehrte Lehrer und Schüler dieses volkskunstmäßige Tun und sammelte sein Leben lang alte Krippen, die der Kern des Saalfeldener Krippenmuseums im Schloß Ritzen sind, dessen Kustos er ist.

Das sonnige Becken von Saalfelden mit dem Steinernen Meer

„der weite Festsaal des Pinzgaues". Ein Steinbeilfund bei der Kirche weist auf eine Horstsiedlung um 2000 v. Chr. Vorn links der Biberg mit Gauburg in spätkeltischer Zeit, später römische Befestigung. 788 erscheint „Saalafeldun" urkundlich. Sieben Burgen schützten den größten Markt des Salzburger Landes. Hinten die einstige Pflegerburg Lichtenberg und die noch besetzte Einsiedelei am Georgspalfen. Saalfelden, die größte Siedlung des Gaues, hat beachtliche Schulen, Industriebetriebe und die Wallner-Kaserne des Bundesheeres.

Leogang mit Birnhorn (2634 m) **und Dreizinthörnern**

der Leoganger Steinberge, die sich über den Vorhügeln aus rotem Werfener Schiefer mit Hochalpenkalk aufbauen. Westlich des „Gerstbodens" das Dorf Leogang mit barockisierter Leonhardskirche, die außen eine große, alte, eiserne Kette umgibt. Der Samerstall des Kirchenwirtes erinnert an die „Eisensaumzüge" von Steiermark, Flachau und Dienten nach Tirol. Bundesbahn und Straße führen westwärts (links) zum Paß Griesen und nach Tirol.

Am schneereichen Asitz bei Leogang

erschlossen durch die Schischaukel Leogang—Saalbach (2 Doppelsesselbahnen und 3 Schlepplifte). Hinten links Geierkogel, rechts Asitzkogel (1914 m, a = Schaf, Asitz = Schafweide). Leogang, um 900 Liuganga = heller Nebenbach.

Die „Hohlwege" zwischen Saalfelden und Weißbach vom Kienalkopf

Vorne der Buchweißbachgraben, in dem noch Holz getriftet wird. Hell der Boden des Saalachtales, links mit dem Landes-Fohlenhof Stoißen, rechts mit dem Weiler Dießbach. Darüber die Leoganger Steinberge mit Birnhorn, Kuchlhorn, Dürrkarhorn, Schoßhörnern. Die Waldungen gehören meist zu den „Saalforsten", deren bayerische Forstverwaltungen auf die „Salinenkonvention" zwischen Österreich und Bayern von 1828 (1958 erneuert) zurückgehen, wonach Österreich im Dürrnberg auf bayerischem Gebiet Salz abbauen darf.

Luftbild von Maria Alm mit den Schibergen

Erschlossen durch viele Lifte: Rechts Schattberg, links Natrunberg. Mitte: Abergalm mit Langeck, rechts der Hohe Hundstein. Ganz links: inneres Tal von Hintermoos. Ganz hinten die Hohen Tauern: Links Gasteiner Berge mit Ankogel, mitten Rauriser Berge mit Hocharn und Weißenbachkees, ganz rechts Königsstuhlhorn, Schwarzkopf.

Das Steinerne Meer (Selbhorn, Poneck, Wildalmkirchl) vor Hintertal

Abschluß des Urslautales (von ursus = Bär?) ist der Talkessel von Hintertal, früher Hinterurslau oder Bärnau genannt. Am uralten Weg Saalfelden—Bischofshofen schon früh besiedelt, hatte es Getreidebau und eine Taverne. Das spätbarocke Kirchlein (1016 m) geht auf eine Holzkapelle von 1610 des hl. Gallus mit dem Bären zurück. Die Straße führt von Maria Alm um den Natrunberg die Urslau aufwärts und weiter über den Filzensattel nach Dienten. Hintertal ist Sitz prominenter Gäste aus der Bundesrepublik Deutschland.

Karrenfeld auf dem Steinernen Meer

„Steter Tropfen löst den Stein": Die Kohlensäure im Regenwasser löst den Kalk chemisch. Es entstehen scharfe Grate, tiefe Spalten und Einstürze (= Dolinen). Regen- und Schmelzwasser verschwinden rasch. Sie schufen viele unterirdische Höhlen und Wasserläufe, die man bei der „Teufelsmühle" am Funtensee auch hört. Von der 1959 entdeckten „Salzgrabenhöhle" im Simetsberg, der größten Höhle Deutschlands, wurden bisher 6000 m Gangstrecken vermessen.

Der Dießbachboden vom Ingolstädterhaus des ÖAV (2119 m) auf dem Steinernen Meer, ehe der sich schlängelnde Dießbach zur Elektrizitätsgewinnung zum Dießbachsee gestaut wurde. Darüber die Matten der Kallbrunneralm mit 28 Almen und der Hochkranz (1957 m). Jenseits des tief eingeschnittenen Saalachtales links die Leoganger, rechts die Loferer Steinberge.

Der Dießbachstausee (1415 m) **mit Großem Hundstod** (2594 m) auf dem Dießbachboden (dießen = rauschen) im Steinernen Meer, von Weißbach mit Taxi erreichbar. Von dem Steinschüttdamm aus hört man die Hirsche röhren. Das Wasser wird in einer Druckrohrleitung über die 700 m hohe, steile Stoßwand in das vollautomatisierte Krafthaus in den Hohlwegen geleitet. Die 1968 fertiggestellte Anlage der „Safe" hat ein Jahresarbeitsvermögen von 40,80 GWh.

Die Marien-Wallfahrtskirche Kirchental (879 m)

nach der Legende an der Stelle, wo mitten im Winter drei Kornähren wuchsen, entstand nach einer hölzernen Kapelle von 1670 auf einer Waldwiese und einer gemauerten, in die 1689 die geschnitzte, gotische Muttergottes der Kirche St. Martin übertragen wurde (heutige Gnadenmadonna). 1694–1699 Kirchenbau von Johann Bernhard Fischer von Erlach unter Erzbischof Johann Ernst Graf Thun mit Hilfe der Bevölkerung.

St. Martin im Saalachtal, Kirchental im Hochtal der Loferer Steinberge

Weiter östlich (= links) wäre der Engpaß Luftenstein; 1190 wird ein Turm in „Loufstein", später „Loverstein" (love = Flußrinne?) genannt, dann eine erzbischöfliche Pflegerburg bis 1615; 1805 und 1809 wurde die Enge von den Pinzgauer Schützen verteidigt. Die umfangreiche Altpfarre mit Kirche St. Martin war sakraler Mittelpunkt des „Loferer Ländchens" (Weißbach bis Unken), gehörte 1303–1803 zum Kloster St. Zeno in Reichenhall. Auf der Saalach wurde früher Holz zum Salzsieden nach Reichenhall getriftet.

Der Markt Lofer mit den Loferer Steinbergen

Vorn die Saalachschlucht. Der sehr gepflegte, gastliche Ort ist überragt links vom Ochsenhorn (2513 m), in der Mitte vom Großen Reifhorn (2487 m), rechts vom Breithorn (2413 m). Funde bezeugen, daß der Talkessel seit ca. 1500 v. Chr. ständig besiedelt war. An der Straße Salzburg–Tirol (jetzt Bundesstraße 1) war Lofer schon 1473 Markt, 1615–1923 Gerichtssitz. Die Befestigungen am Paß Strub und Paß Luftenstein schützten den Ort bis zu den Befreiungskämpfen gegen Napoleon I.

Blick vom Grubhörndl (1750 m) **bei Lofer nach Norden ins Saalachtal**

Vorn das Gföllhörndl (1633 m). Im Tal vorn Hallenstein, Reith rechts der Saalach, die links des Achhorns (Bildmitte) in der Enge des Kniepasses verschwindet. Weiter hinten der Steinpaß mit Melleck. Die Berge: ganz hinten links Zwiesel und Hoher Staufen, davor Ristfeuchthorn und Müllner Horn, rechts anschließend das Lattengebirge und die Reiter Alm.

Blick vom Grubhörndl ostwärts und ins „Loferer Ländchen"

das die Gemeinden Weißbach, St. Martin, Lofer und Unken umfaßt. Über dem Saalachtal links Au, rechts Scheffsnot. Viele markierte Wanderwege! Hinten links die „Reiter Steinberge" (= Reiter Alm) mit den „Drei Brüdern", Häuslhorn (2284 m) und Großem Mühlsturzhorn (2234 m), dann Hochkalter (2607 m) und Kammerlinghorn.

Einhöfe in Hallenstein im Saalachtal

Wohnhaus und Stallscheune („Feuerhaus und Futterhaus") sind unter einem Dach. Diese Bauernhausform gibt es im Loferer Ländchen bis über Saalfelden hinaus. Im übrigen Pinzgau überwiegen Paar- oder Zwiehöfe, Wohnhaus und Stallscheune sind eigene Gebäude nebeneinander. Der gotische Hof vorn rechts wurde umgebaut. Links hinten der Bergerhof mit Tierkopfpfetten und Heilszeichen am Firstbaum. Ganz hinten Leoganger und Loferer Steinberge.

Die Feste Kniepaß im Saalachtal bei Unken

zu der die alte Straße hinaufführte. Schon 1350 stand da eine Palisadensperre mit eingerammten Baumstämmen. Die Feste wurde im 30jährigen Krieg von Erzbischof Paris Lodron erbaut, 1800 erweitert, 1805 und 1809 umkämpft, 1968 vom Lande Salzburg erworben, soll Heimatmuseum werden. Links die Bundesstraße 1, darüber in der Talenge Reste einer vorgeschichtlichen Befestigung.

Unken vom Steinpaß

Der Steinbach ist Staatsgrenze gegen Bayern. Rechts Hang der „Pichlerschanze", 1809 von den Salzburger Schützen verteidigt. Unken mit Kirche von 1758 und Hochgiebel des 1832 erbauten Kramerwirts. Hinten der hallstattzeitliche „Maisknogl", die 1137 erwähnte „Bischofs-Salzquelle" und Pfannhauswand. Ganz hinten Loferer Steinberge, Loferer Alm, Dietrichshorn.

Das Südende der Loferer Alm vom Grubhörndl

Links Schönbichl (1687 m), Kammerköhrplatte (1811 m), Sonnenwände. Die Landesgrenze zu Tirol verläuft rechts der Kammerköhralm, dann die Staatsgrenze zum Chiemgau. Weites Wander- und schönes Schigebiet, durch Lifte erschlossen.

Schloß und Dorf Kaprun, Kitzsteinhorn (3204 m), Schigebiet Schmiedingerkees

Vorn „Zeller Moos". Kirche zur hl. Margarethe im Kern karolingisch. Rechts Schaufelberg mit Römerfunden. Hinten der „Bürgkogel", in der Bronze- und Keltenzeit besiedelt. 931 „Chataprunnin" (= Kotbrunnen?), 1281 ein „Burg-Doppelturm" genannt. Dann gehörte die Burg (links!) zur Hälfte den Herren von Walchen und von Felben, seit 1480 erzbischöflich, 1490–1600 Pflegersitz. Durch die Tauernkraftwerke entstanden die Seilbahn auf den Maiskogel, die Gletscherbahnen auf das Kitzsteinhorn (Bergstation 3029 m) und 3 Großschlepplifte. Das ganzjährige Schigebiet gehört zur „Europa-Sportregion" Zell am See–Kaprun.

Mooserboden-Stausee mit Johannisberg (3460 m) **und Hoher Riffel** (3338 m)

Dem Langzeitspeicherwerk „Glockner-Kaprun" wird durch den 11,6 km langen Möll-Überleitungsstollen auch Wasser der Tauern-Südseite zugeführt. Das gestaute Wasser wird zuerst in den Kraftwerksanlagen „Kaprun Oberstufe" der Tauernkraftwerke im Krafthaus Limberg abgearbeitet, dann nochmals in der „Kaprun Hauptstufe" im Krafthaus Kaprun. Erzeugte Spitzenenergie 732 Mill. kWh. Das Kraftwerk paßt sich dem schwankenden Strombedarf an und hat für Österreich große Bedeutung. Bei Stromüberschuß wird Wasser vom Wasserfallboden zum Mooserbodenspeicher gepumpt.

Piesendorf mit Bombachkopf (2516 m), **Hoher Arche** (2453 m) **und Mittagskogel** (2157 m)

Auf einem Schotterkegel der Sonnseite windgeschützt mit mildem Klima Piesendorf (= Dorf des Puoso), 1147 Puesindorf. Vorgeschichtlich besiedelt waren das „Hochbürgl" und das historische „Naglköpfl". Die Laurentiuskirche, im Kern aus dem 14. Jh., 1510 erweitert, 1851 erneuert, birgt spätgotische Figuren. Über dem sumpfigen Salzachboden mit Schottern und Schwemmsand auf der Schattseite Hummersdorf (1160 Humpretesdorf).

Niedernsill (= nieder gelegene Siedlung) **mit „Mühlbachltal"**

darüber links die Hohe Arche, ganz hinten der Schmiedinger (2957 m). Dorf und Kirche zur hl. Luzia wurden 1798 nach einem Hochwetter von einer Schlammflut heimgesucht. Links der Hügel des „Birgkögei" mit bronzezeitlichen Keramikfunden, im Frühmittelalter eine stufige Palisadenburg aus eingerammten Baumstämmen. Die Salzach hat hier wenig Gefälle, auf 1000 m nur 30 cm!

Blick vom Naglköpfl bei Walchen nach Osten, salzachabwärts

Breit der versumpfte, früher von der Salzach durchschlängelte Talboden mit vielen Heustadeln. Auf der Sonnseite die Schotterkegelsiedlungen Walchen (noch im 8. Jh. saßen da romanische Bauern; Walchen oder Welsche = Fremdredende), Piesendorf, Fürth. Auf der Schattseite, fast bis ins Tal bewaldet, Burg und Dorf Kaprun. Fernblick zum Hahneckkogel (links), nach Bruck, St. Georgen, rechts Drei Brüder.

Blick vom Naglköpfl bei Walchen nach Westen, salzachaufwärts

Das ins Salzachtal vorspringende Naglköpfl schaut weithin. Es trug eine vorgeschichtliche und frühmittelalterliche Höhensiedlung. Der Gipfel war geschützt durch felsigen Steilabfall im Süden, Wasseraufstauung im Norden, je einen Wall im Westen und Osten. Der Naglbauer war ein freieigenes Gut. Blick salzachaufwärts nach Niedernsill und Steindorf, bis Mühlbach, ganz hinten Gernkogel und Wildkogel.

Uttendorf (= Dorf des Uto) **am Dorfbach und stufigen Sonnberg**

der „Pinzgauer Grasberge", über die ein Steig in der Almregion, „Der Pinzgauer Spaziergang", von der Schmittenhöhe zum Geißstein führt. Das Dorf, schon 1160 erwähnt, mit St.-Rupertus-Kirche von 1470, ist eine Bachsiedlung. Das Erholungszentrum mit See (seit 1970) wird überragt vom Brustinger Kogel, Grüneck und Zwölfer, dahinter ist der Naturpark „Dorfer Öd". In das Stubachtal (Stubach = staubende Ache) führt eine Werks-Autostraße (16 km) zur „Elektrizitätswerksgruppe Stubachtal" der Österreichischen Bundesbahnen und zur ÖBB-Seilbahn zum Tauernmoossee und Weißsee.

Tauernmoossee mit Hocheiser (3206 m) **und Hochsedl im Stubachtal**

Das im Amersee, Weißsee, Tauernmoossee und Grünsee gestaute Wasser wird unter Ausnützung der natürlichen Stufen des Tales mit einer Gesamtfallhöhe von 1180 m von der „Kraftwerksgruppe Stubachtal" der Österreichischen Bundesbahnen in den Werken Enzingerboden, Schneiderau und Wirtenbach abgearbeitet und liefert jährlich 350 MkWh in das österreichische Bundesbahnen-Netz (in Verbund mit dem der Bundesbahn der BRD). Die Jahresstromerzeugung deckt ca. ein Drittel des Strombedarfes der Österreichischen Bundesbahnen.

Östlicher Abschluß des Stubachtales vom Stubacher Sonnblick (3088 m)

Tief unten der Weißsee, darüber der Schafbichl — der den Tauernmoossee verdeckt — mit ÖBB-Seilbahn-Bergstation links, Alpenhotel Rudolfshütte rechts. Links Hocheiser, Hochsedl und Kleiner Eiser, abfallend zum Kapruner Törl (2639 m), dem Übergang zum Mooserboden-Stausee im Kapruner Tal, aus dem in Bildmitte das Große Wiesbachhorn, die Klockerin und der Bärenkopf herüberschauen. Rechts steigen die Riffelwände an zum dunklen Totenkopf (3151 m).

Südöstlicher Abschluß des Stubachtales vom Stubacher Sonnblick

Totenkopf, Hohe Riffl (3346 m), über die der Gipfelsturm eine mächtige Schneefahne weht, Johannisberg (3463 m), Eiskögele (3436 m) und Hohe Schneid, die jäh abbrechen zum Ödwinkelkees, verdeckt durch den Aufschwung zum Medelzkopf. Hochalpines Schigelände mit Liften. Ganz rechts geht es zum Kalser Törl (2518 m), dem uralten Übergang zum Dorfer See und nach Kals in Osttirol.

Stuhlfelden, Rückblick auf Salzachtal-Schattseite mit Lärchwand (2389 m)

und Eingang ins Stubachtal. Im Wald der Felsen des „Äuglpalfen", der „durch sein ernstes oder heiteres ‚Gesicht' das Wetter voraussagt". „Stuolfeldun", 963 urkundlich, deutet auf einen Gerichtsstuhl, das „Kellenamt des Kellners" (= Urbarrichters), der die Einkünfte des Landesherrn einhob. Älteste Kirche des Oberpinzgaues mit romanischem Portal, einer lombardischen Arbeit. Schloß Lichtenau wurde 1506 von den Rosenbergern (Gewerken) erbaut. Links Pirtendorf mit ehemaligem Zehenthof, hinten Uttendorf.

Schloß und Markt Mittersill mit Blick ins Felber- und Amertal

Auf der Hochfläche links die ehemalige Burg der Grafen von Lechsgemünd, Mittersill, Matrei, ab 1228 erzbischöflicher Pflegersitz. Im Salzachtal links Felben mit gotischer Kirche und Burgkasten, mitten der Markt mit barocker Leonhardikirche. Die Felbertauernstraße führt durch die Talstufe bei Klausen ins Felbertal, dann links des „Hörndls" durchs Amertal mit der Teufelsspitze. Rechts Felbertal mit altem Saumweg zum Felbertauern (2481 m), darüber der Tauernkogel (2989 m), ganz rechts die Pihapper Spitze (2513 m).

Oberpinzgauer Ofenecke im Heimatmuseum Mittersill

dem instand gesetzten Felberturm aus dem 12. Jh. Unter der Liegebank Hühnersteige. Gemauerter Ofen mit Ofenbank und Ofengestäng, vom Flur mit Scheitern heizbar. Wasserschaff zum Waschen, darüber rupfernes Handtuch, vorn Spielzeug-Kuh.

Blick von der Felbertauernstraße auf die Weitau im Amertal

Vorn der gespaltene Felsblock der "Heidnischen Kirche" (megalithischer Kultplatz?), hinten die Teufelsspitze (2818 m, Gipfel wie ein Teufelskopf). Die 1967 fertiggestellte Straße, km 0 bei Mittersill, erreicht durch Felber- und Amertal mit ca. 5 Prozent Steigung und 840 m Höhenunterschied in 1609 m Höhe das Nordportal des 5,2 km langen Scheiteltunnels durch den Zentralkamm der Hohen Tauern, nach 17,5 km Südrampe Matrei in Osttirol. Sie wurde schon im Jahre 1969 von 700.000 Fahrzeugen befahren. Kürzeste Verbindung München–Venedig.

Amertalschluß mit Amersee (2250 m) **vom Hochgasser** (2922 m)

Auf 600 m hoher Steilstufe liegt der See wie ein türkisgrünes Meerauge. Darüber Berge der Granatspitzgruppe (Tauernhauptkamm), über die ein ausgesetzter Steig, der „St. Pöltner Ostweg", vom Stubachtal zur St. Pöltner Hütte auf dem Felbertauern führt. Links Stubacher Sonnblick, Großer Landeckkogel, Amertaler Höhe, rechts Aufschwung zur Teufelsspitze. In der Bildmitte hinten Granatspitze (3086 m) und Großglockner (3797 m).

Kratzenbergsee (2162 m) im Hollersbachtal

der größte natürliche und noch unberührte Bergsee der Hohen Tauern ist Naturdenkmal. Der Seebach als Abfluß stürzt über die nahe Talstufe mit gischtenden Wasserfällen. Im Hollersbach- und Rauriser Tal (einziges Vorkommen in den Alpen) haben die ungefährlichen Weißkopfgeier ihre Schlafwände.

Hinten der Kratzenberg (3023 m) mit Schafgebirg und Gletscher; über dem See die gepflegte Fürther Hütte des ÖAV. Steige führen über die Larmkogelscharte ins Habachtal und über das blumenreiche Sandebentörl zum Sankt Pöltner Westweg.

Hollersbachtal und Hohe Tauern von der Paß-Thurn-Straße

Vorn eine Terrasse des Mittersiller Sonnberges. Im Salzachtal das Dorf Hollersbach mit Kirche zum hl. Vitus von 1893. Im Hollersbachtal ein kleiner Stausee, schöne Wasserfälle, der Kratzenbergsee mit der Fürther Hütte. Links Larmkogel, Lienzinger (2952 m) und Graukogel (2834 m), auf denen Halbedelsteine (Bergkristalle und Sphene) gefunden wurden. Darunter dunkel die ins Tal vorspringende „Achsel" mit Knappenhaus und Stollen des einst landesfürstlichen Bergbaues auf Kupfer und Blei.

Der ehemalige Bergwerksort Mühlbach bei Bramberg

der „Brenntaler Gewerken", die seit 1430 auf Kupfer bauten. 1638 wurde der Bergbau landesfürstlich, 1864 aufgelassen. Mit hohem Steildach das Verwalterwirtshaus, in dem Hans Panzl geboren wurde, Führer der Pinzgauer Bauernschützen im Freiheitskampf 1809 gegen die Franzosen. Davor Kasten für Getreide und Werksbedarf, dahinter Verweser- und Handelshaus. Links des Schotterbruches waren die Schwefelöfen, im Berg 240 Stollen auf Kupfer- und Schwefelkies. Darüber Elfer-, Breit- und Zwölferkogel.

Blick vom Bramberger Sonnberg ins Salzachtal und zu den Hohen Tauern

Auf schattseitigem Schotterkegel des Wennser Baches die ehemalige Knappensiedlung Wenns und Sitz der Herren von Wenns (1229—1403 urkundlich belegt). Im Hang ganz links alte Stollen. Über dem bis ins Tal reichenden Wald links Elferkogel, dann Breitkogel mit Felszacken des „Spottmäuei" — darunter liegt in der Felsmulde der Karsee — und Zwölferkogel (2282 m). „Elfer" und „Zwölfer" markieren im Sommer die Mittagsstunde. Ganz rechts das Habachtal.

Blick vom Bramberger Sonnberg salzachaufwärts und zu den Hohen Tauern

Über dem sumpfigen Salzachtal auf einem Schotterkegel das Dorf Bramberg (1160 Prentenperige, 1244 Brennenberch, was auf Brandrodung deuten könnte). Gotische Laurentiuskirche mit Steinguß-Pietà von 1415, Madonna von 1500, glanzvollem Barock-Hochaltar. Hinten rechts Weyerhof und Burgruine Weyer, links am Eingang ins Habachtal die Ortschaft Habach (= Heubach). Darüber von links: Breitfußkopf, Finagel (vom lat. foenaculum = Heuberg), rechts Schönalm, ganz hinten rechts der „Hütteltaler" (2962 m), unter dem der Seebachsee liegt.

Der Karsee (2085 m) **auf der Schattseite ober Bramberg**

links der Breitkopf (2420 m), rechts der Felszacken des „Spottmäuei" = Spottmäulchen, der Sage nach ein zu Stein verwandelter Mann, der das Kreuzzeichen verspottete. Von den Grashängen schrillt der Schrei der „Mankei" (= Murmeltiere).

Alpen-Grasnelke (Armeria alpina), „Tauernröserl", auf felsigen Matten

Blumen zuhöchst am Berg in den Hohen Tauern

Auf den Felstürmen über grünglasigen Keesen, in der lebensfeindlichen Höhe von Kälte, Lawinen, Hitze, tobenden Stürmen mit Schnee- und Sandschliff hebt zur Zeit des höchsten Sonnenbogens leuchtendes Blühen an: 1 Bachsteinbrech *(Saxifraga aizoides).* 2 Gletscherhahnenfuß *(Ranunculus glacialis),* höchste Blütenpflanze der Alpen. 3 Alpenleinkraut *(Linaria alpina),* Pionierpflanze auf Lockerschutt. 4 Silberwurz *(Dryas octopedala)* bis 2400 m. 5 Edelweiß *(Leontopodium alpinum).* 6 Gemsheide *(Loiseleura procumbens),* Bodenfestiger, bis 2600 m. 7 Gletschernelkenwurz *(Sieversia reptans),* bis 2400 m, mit rotseidenen Fruchtständen („Wauerl").

Rauchquarz aus den Hohen Tauern

In den Klüften finden Steinsucher glasklaren Bergkristall und den Rauchquarz (SiO_2, Härte 7, Dichte 7,1 bis 7,5) von hellbrauner bis fast schwarzer Färbung, deren Ursache noch ungeklärt ist. Die Kristallbildung erfolgte aus wäßrigen Lösungen von 100–400 Grad C und einem Druck von einigen tausend Atmosphären.

Kristalle aus den Hohen Tauern, als „Schätze der Berge"

seit je gesucht, wurden geheimnisvoll und magisch empfunden. Die Vielfalt regelmäßiger und bizarrer Formen und die funkelnde Farbigkeit faszinierten.

Links oben: Smaragd auf Glimmerschiefer vom Habachtal (Gemeinde Bramberg), der einzigen europäischen Fundstelle; das Grün stammt vom Chromgehalt. Rechts: Fluorit aus Unterkrimml (CaF_2, kubische Struktur, Härte 4). Rechts unten: Albit oder Anorthit ($NaAl\ Si_3O_8$ kleinkörnig) mit Biotit aus dem Untersulzbachtal. Links: Epidot (prismatische Kristalle, Härte 6–7, je höher der Fe_2O_3-Gehalt, desto dunkler) mit Bisolit, von der Knappenwand im Untersulzbachtal.

Die Loferer Alm im Neuschnee

Erschlossen durch eine im Winter stets geräumte Taxistraße, 2 Doppelsesselbahnen und 4 Schlepplifte. Gastlichkeit bieten das „Haus Gertraud in der Sonne" und das „Haus Schönblick". Links Grubhörndl, hinten Großes Ochsenhorn, Kreuz-Reifhorn und Breithorn.

Großes Wiesbachhorn (3564 m), **Hinterer Bratschenkopf, Klockerin**

Im stufigen Kapruner Tal. Wasserfallboden- und Mooserboden-Speicher mit hohen Staumauern (Stauziel 1672 m mit 82,2 Mill. qbm bzw. 2036 m mit 85,5 Mill. qbm) der Kraftwerksgruppe „Glockner—Kaprun" der Tauernkraftwerke. Rechts an der Mooserbodensperre der gespaltene Steinblock der „Heidnischen Kirche", ein kultischer Schliefstein. Das Tal ist erschlossen durch eine Autostraße zum Kesselfall. Postautos zum Schrägaufzug, Werksautobusse bis zum Mooserboden.

Luftbild von Zell am See mit den Hohen Tauern

Links Thumersbach, vorn Spital und Campingplatz, rechts Schloß Prielau. Auf dem Schotterkegel des Schmittenbaches die Bergstadt. Rechts an der Bergstraße Fundort römischer Bronzen, über der Ebenbergalm bronzezeitlicher Schmelzplatz. Der Kirchenpatron St. Hippolyt weist auf frühe Besiedlung. 788 war da ein kleines Kloster, die „cella in bisontio". Erzbischof Ortolf verlieh das Marktrecht „Zell im Pinzgau", ab 1810 „Zell am See", 1928 Stadt. Sitz der Behörden des Pinzgaues. Hinten der Stadtteil Schüttdorf, links Naturschutzgebiet „Niedermoos Zeller See Süd", eine der bedeutendsten inneralpinen Raststationen für Zugvögel.

Der Ritzensee mit dem Steinernen Meer

Links Persailhorn, dann Mitterhorn, Breithorn, Ramseider Scharte mit Riemannhaus, Sommerstein und Schöneck. Der warme Badesee Saalfeldens, eingebettet in die sonnige Landschaft, wurde in den 50er Jahren gestaut. Links wäre das Schloß Ritzen, einst Burg, dann Herrensitz, jetzt beachtliches Heimatmuseum mit großer Krippen- und Votivtafel-Sammlung.

Luftbild des Wiegenwaldes im Stubachtal mit seinen Mooren

(Ca. 1700 m), eine naturwissenschaftliche Kostbarkeit des zukünftigen „Nationalparkes Hohe Tauern", ein von Menschenhand wenig veränderter Bergwald aus Zirbe, Lärche, Fichte, durchsetzt mit naturbelassenen Mooren und Tümpeln, durch Versumpfung von Mulden in einer von Gletschern geformten Landschaft entstanden. Durch den im Torf abgelagerten Blütenstaub sind diese Moore Archive der Klima- und Vegetationsgeschichte. Schon 1537 nahm das Erzstift den Wiegenwald von jeder Holznutzung aus, 1922 erklärte ihn das Land zum Pflanzenschutz-, später zum Naturbanngebiet. (Prof. Dr. E. Stüber)

Der Weyerturm bei Bramberg mit Blick ins Habachtal

Typische Pinzgauer Burg des 13. Jh.s, einst mit sieben Geschossen, romanischer Kapellenapsis, Rundbogenfenstern nach Süden und Westeingang im 2. Stock, nur mit Leitern erreichbar. Die Gesamtanlage war ummauert, hinten durch Felsabfall, vorne von einem Weiher geschützt.

Penkerhof bei Bramberg: Offene Feuerstelle der ehemaligen Rauchküche

Auf der gemauerten Herdstelle mit Steinplattenbelag und Aschengrube brannte das offene Feuer unter dem eisernen Dreifuß mit der Pfanne. Daneben alte, gußeiserne Kochgefäße. Auf der Ofenbank zwei aus Zirbenholz gedrechselte Schüsseln, darunter der Ascheneimer. Der Rauch entwich durch einen hölzernen Kamin über der Tür. An Stangen an der Stubendecke wurden aufgehängte Fleischstücke rauchgeselcht.

Penkerhof bei Bramberg: Kessel- und Wasserstelle der ehemaligen Rauchküche

An einem drehbaren „Reitbaum" mit „Kesselschwing" der Kessel über eigener Feuerstelle. In der Ecke die mit dem laufenden Brunnen vor dem Haus zusammenhängende Wasserstelle. An den rußschwarzen und pechkrustigen Wänden verschiedene Pfannen für Mus, Krapfen, Flecken und Milchkoch. In der Rauchküche gab es weder Fliegen noch Ungeziefer.

Habachtalschluß und Venedigergruppe vom Larmkogel (3032 m)

eigentlich Labenkogel, vom ehemals ausgelegten Labsalz für „Valwild" (das sind Steinböcke) und Gemsen. Vom Hollersbachtal links brandet der Nebel gegen den Kratzenberg. Anschließend über dem Habachkees Schwarzkopfscharte, Schwarzkopf (3023 m), Grüner Habach, Habachscharte, Plattiger Habach, Hohe Fürleg (3244 m). Hinten über dem sonnigen Schlattenkees von links: Hoher Zaun, Schwarze Wand, Rainerhorn, Kleinvenediger, Großvenediger (3674 m).

Neukirchen am Großvenediger und Wildkogel (2227 m), **Wildkogelhaus** (2005 m)

eigentlich Widt = Holz = bewaldet, mit weitem Schigebiet, erschlossen von den Wildkogelliften zum Bergerköpfl (2100 m). Links Hohenneukirchen, Gemeindespital, einst Sitz der Herren von Neukirchen. Die Kirche, im Kern aus dem 14. Jh., 1781 rokoko umgeformt, hat eine stehende, spätgotische Madonna — nach der Legende „über die Tauern gekommen", wohl aus Südtirol. Der bei vielen Gästen beliebte Markt liegt am Osthang des Schuttkegels des einst wilden Dürnbaches mit sagenreichem Naturpark Dürnbachau.

Das Rosental (= das verbreiterte Salzachtal) **mit Hieburg aus dem 12. Jahrhundert**

Links Untersulzbachtal mit Untersulzbachfall und Knappenwand (Kupfer und Epidote!), Klein- und Großvenediger. Rechts des Mitterberges Obersulzbachtal, Anmarschweg zum Großvenediger, mit Talstufe vor der Berndlalm und den Maurerkeesköpfen auf dem Zentralkamm der Hohen Tauern.

Der Untersulzbachfall

stürzt über die steile Mündungsstufe des Untersulzbachtales zum Rosental. Die Felshänge sind mit schwefelgelben Flechten bewachsen.

Wald (885 m), **Waldberg und Gernkogel** (2269 m)

mit Marmorplatten, reicher Flora, Hochmähdern. Kirche zum hl. Nikolaus und den 14 Nothelfern, mit Fresko des Papstes Sixtus und des hl. Kaisers Heinrich II. (spätgotisch), 1752/53 gut barockisiert. Vom Hotel Straßer (ehemals Taverne Walder Wirt) führt der „Ronach-Güterweg" vorbei an der „Wasserkapelle", über der die „Sixtuskapelle" aus dem Wald lugt (seit 1579 gemauert, ehemals Wallfahrt und Hochzeitskapelle, davor die Reste des 1792 gesprengten kultischen „Schliefsteines") weiter zur ehemaligen Taverne Ronach und zum Gerlospaß (Landesgrenze Salzburg—Tirol).

Blick vom Hof Paxrain auf Krimml (1072 m) **und Oberpinzgau-Abschluß**

In Bildmitte der Falkenstein (Siedelstelle der Bronze- und Hallstattzeit), davor der Schlaßberg (einst frühmittelalterliche Burg), rechts Nößlingwand aus Triaskalk und Plattenkogel aus Glimmer und Kalkschiefer. Auf großem Schotterkegel das Dorf Krimml (1224 „in der Chrumbe" = wo sich „die Ache" krümmt), Heimat des Schützenoberkommandanten von 1809 Anton Wallner. Zur Kirche (mit spätgotischer Madonna) des Getreidepatrons St. Jakob ging einst die „Glemmtaler Wallfahrt". Links mündet das Krimmler Tal mit drei Wasserfällen. Hinten die Wildkarspitze.

Der Großvenediger (3674 m), **der höchste Berg des Pinzgaues** mit umfassender Fernsicht, u. a. zu den Dolomiten. Die Erstbesteigung versuchte 1828 Erzherzog Johann über die Firnwand, 1841 gelang sie einer Gruppe mit dem Pfleger von Mittersill Ignaz v. Kürsinger unter Führung des Jägers Paul Rohregger aus Bramberg über die Venedigerscharte. Jetzt ist die Kürsingerhütte des ÖAV Stützpunkt. Der östliche und westliche Strom des Obersulzbachkeeses mit ihren Moränen vereinigen sich und fließen zum Gletscherbruch „Türkische Zeltstadt".

Die Dreiherrenspitze (3499 m) über dem Krimmler Kees

hat den Namen von den „drei Herren" (dem Erzbischof von Salzburg, dem Grafen von Görz und dem Grafen von Tirol), deren Gebiete hier zusammenstießen. Rechts des Gipfels: Staatsgrenze zum südtirolischen Ahrntal, aus dem 12 Bauern seit alter Zeit Weiderechte haben und Ende Mai ihr Vieh über den Krimmler Tauern herübertreiben. Links Weg zur Warnsdorfer und zur Kürsingerhütte.

Der untere Krimmler Wasserfall ▶

In drei Fällen donnert die Krimmler Ache mit einer Fallhöhe von 380 m über die drei Zentralgneis-Mündungsstufen des Krimmler Tales.

Der obere Krimmler Wasserfall ▶▶

mit 120 m Fallhöhe ist der höchste der drei Krimmler Wasserfälle, die zum europäischen Naturdenkmal erklärt wurden. Ein Almweg führt zum Krimmler Tauernhaus.

Der Seebachsee (2083 m) **unter dem „Hüttentaler" im Obersulzbachtal**

ein wilder, fjordartiger, tiefgrüner Bergsee westlich der Berndlalm, mit ehemaligem Moränenrand und altem Gletscherboden.

Der „Wunden-Christus" aus und vor der Kapelle des Krimmler Tauernhauses

Volkskunstarbeit des 18. Jh.s. Das Tauernhaus, 1437 Taverne, erhielt vom Landesherrn eine „Tauernprovision" von jährlich 10 Metzen Weizen und Roggen, 1849 in Geld umgewandelt, bis 1939 vom Land bezahlt. Dafür mußte der Wirt den einst von Säumern und Branntweinträgern benützten Tauernweg — auch der spätere Kaiser Karl IV. soll über ihn gezogen sein — erhalten, räumen, mit Steindauben bezeichnen, mittellose Tauerngeher beherbergen und verköstigen und die erfrorenen nach Krimml liefern.

Der Obere Wildgerlossee (2481 m) **in der Wilden Gerlos**

vom Weg zur Rainbachkarscharte. Es spiegeln sich der Gabler und die an Schatzsagen reiche Reichenspitze (3303 m). Anschließend die Wildgerlosspitzen, darunter das Wildgerloskees. Im Tal, am unteren See, liegt die Zittauer Hütte des ÖAV.

Blick von der Rainbachkarscharte (2720 m) zwischen der Wilden Gerlos und dem Rainbachtal (Seitental des Krimmler Tales) auf den Rainbachsee und das Krimmler Tal, bekrönt links von der Schliefer Spitze, im Talschluß über dem Krimmler Kees vom Vorderen Maurerkeeskopf, den Simonyspitzen und der Dreiherrnspitze.

Luftbild des Plattenkogels (2040 m), **jetzt „Hochkrimml"**

früher Gerlosplatte. „Die größte Schiwiese des Landes" (Familien-Schigebiet). Rest eines Hochtalbodens, als Grenzgebiet reich an Sagen, mit sanftgeneigten Almböden. Vorn Naturschutzgebiet der „Sieben Möser". Die „Gerlosstraße", 1962 nach Plänen von Hofrat Dipl.-Ing. Wallack vollendet, verbindet Krimml mit der Platte, mit Gerlos und dem Zillertal. Über der Straße Spazierweg von Filzstein (links) über die Duxer Alm zum Sporthotel Gerlosplatte. Sechs Winterschleiflifte, 1 Sommer-Sessellift.

Die Königsleiten (2316 m), **der schöne Schiberg mit Zirbenbestand** (Gemeinde Wald), ist durch Sesselbahn und Schlepplifte erschlossen. Rechts der „Almhof Königsleiten", darüber das „Schidorf Königsleiten". Unten die Gerlosstraße. Rechts geht es zum Gerlospaß, der Landesgrenze Tirol—Salzburg.

Blick von der Königsleiten in das Wildgerlostal

das der Gemeinde Krimml (16.924 ha, davon 12.000 ha unproduktiv), aber nicht den Hohen Tauern, sondern den Zillertaler Alpen zugehört. Der Durlasboden wurde 1969 für das Gerloswerk mit einem Schüttdamm mit Betonkern im Westen in einen Stausee verwandelt. Talstufe bei der Trixlalm (Trixl = wie Drossel eine enge Stelle). Links Wildkar mit Wildkarspitze. Am Talschluß links der dunkle Roßkopf, über dem Wildgerloskees Gabler, Reichenspitze (mit Schatzsagen), Wildgerlosspitze.

Ursprung der Salzach

die kalten, kristallklaren Tümpel, in die kleine Wasser tropfen, vom Salzachgeier, dem begrünten Schieferblock, überragt. In der weltabgeschiedenen Nordwestecke des Pinzgaues und Salzburger Landes erhebt er sich in einem urweltlich anmutenden, steinigen und weglosen Hochalmgebiet mit einsamen kleinen Seen.

Das Markkirchl auf dem Salzachjoch (1987 m) das mitten auf der Grenze Salzburg—Tirol steht (Mark = Grenze), die schon Jahrhunderte durch eine Steinmauer bezeichnet wird, die — viele Kilometer lang — in der Landschaft auf- und niedersteigt. Hinten links der Salzachgeier (2470 m) mit dem Salzachursprung. Über das Salzachjoch führt der Steig zur Hopfgartner Hütte des ÖAV im Kurzen Grund in Tirol.

Das heimatliche Jahr

Wandel der Jahreszeiten, von Sprießen und Blühen, Fruchten und Reifen, Einziehen und Ruhe

*

Arbeitsfolge von Anbau und Umfrieden, Ernten und Verwahren und neues Vorsorgen

*

Viehaustrieb — Almzeit — Heimkehr

*

Magische Meinungen zur Abwehr böser Gewalten, Wind und Wetter, Wasser und Feuer und Herbeiziehen von „Reim" für Haus, Stall und Flur

*

Gedenken an die Toten

*

Zusammenklang mit den Festen des Kirchenjahres, mit Madonna und Heiligen der Reigen der Jahresbräuche

*

Leben mit harter Arbeit und frohen Festen in und mit der Gemeinschaft

*

Lebensbräuche von Geburt — Hochzeit — Tod

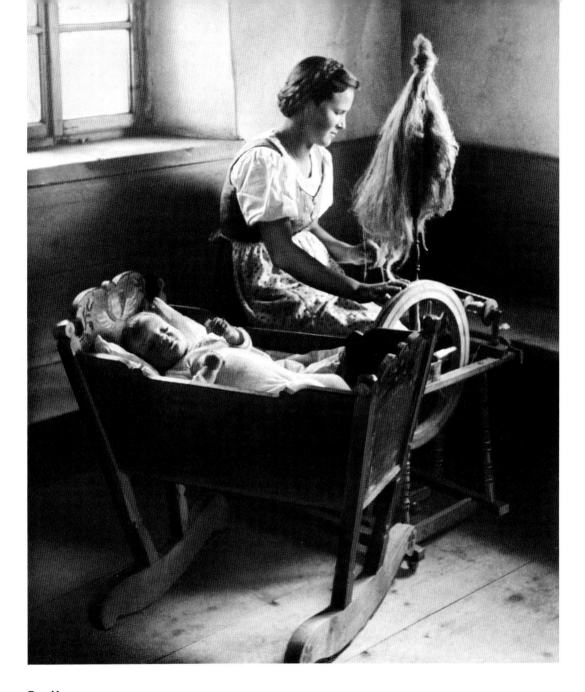

Der Haussegen

Ein Kind ist uns geboren. „Erfüll mit deinen Gnaden, Herr Jesus, dieses Haus, Tod, Krankheit, Seelenschaden, Brand, Unglück treib hinaus!" Aufnahme: Die Pirchnerbäuerin im Seidlwinkel.

Das Rauchengehen am Hl. Abend, zu Silvester, am Dreikönigvorabend
macht der Hausvater mit den Kindern, wenn es finster wird. Mit der Glutpfanne, aus der Weihrauch, Speik oder Kranawett duften, werden jeder Raum des Hauses und der Stall „eingeraucht" mit dem Spruch „Glück herein, Unglück hinaus". Am 5. Jänner wird außen an den Türen mit geweihter Kreide als Abwehr 19 K M B 76 angeschrieben. Man geht auch einmal, zweimal, dreimal betend um den Hof. Aufnahme: Im Brunnerhof in Rauris.

Die Schnabelperchten kommen am Dreikönigvorabend in der Rauris

mit lautem „Ga! Ga!" in die Stuben, Burschen in Weiberkitteln mit weißen Jacken, „Strohzoggeln", mit Schere, Besen, Schaufel, Bucklkorb. Der bewegliche Schnabel ist mit Hilfe von 2 langen Spänen aus 2 Handtüchern gebunden. Wehe, wenn sie Schmutz fänden „in der Großen Perchtennacht", sie würden „der faulen Dirn den Bauch aufschneiden und den Unrat hineintun". Lautlos verschwinden sie. Aufnahme: Beim Schütterbauern im Seidlwinkel.

Die Unkener Tresterer (= Schönperchten) treffen einander am Pfannhaushof. Vor dem „Trestern", dem uralten Stampf- und Schleiftanz, legen sie ihre „Kuhsinger" (= Glocken) in der Mitte ab. Der gespenstig hin- und herhuschende bunte „Kasperl" schaut, ob alles in Ordnung, dann beginnt die Ziehharmonika aufzuspielen. Am 6. Jänner laufen sie von Hof zu Hof, nachdem die Schiachperchten vertrieben sind, tanzen in den Hausfluren und sind überzeugt, daß sie Glück bringen. Aufnahme im Rathaus Zell am See.

Die Unkener Stelzentänzer (Schönperchten) **am Dreikönigstag**

„dem Großen Neujahrstag", tragen über den angeschnallten Stelzen lange, weiße Hosen mit roten Streifen, auf dem Kopf goldflimmernde, kleine Hüte mit herabhängenden, bunten Bändern. Sie tanzen kunstvolle, reigenartige Tänze und einen Bandltanz, wobei der bunte Kasperl seine Faxen macht. Aufnahme: Beim Pfannhaushof, wo die Perchten seit je zusammenkommen.

Eisschießen, ein beliebtes Spiel von jung und alt bis ins Frühjahr

Mit gut gewachsten, flachen Stöcken an dünnen Stielen — leichten „Fliegern" und schweren „Ausräumern" — wird auf Schneebahnen, „Eisprinzen" und Rasen „geschossen": Es gilt, den Stock möglichst nahe ans „Hasl" (Kugel oder Holzwürfel als Ziel) heranzubringen, das der „Moar" (gewählter Leiter einer der 2 Gruppen) mit dem Hut mit der Hahnfeder „anzeigt". Beim „Knödleisschießen" zahlen die Verlierer die Knödelsuppe, doch werden auch Ziegen- oder Schafböcke „ausgeschossen". Aufnahme: Landes-Landwirtschaftsschule Bruck.

Das Holzziehen beginnt im Jänner

sobald es einen Schlittweg gibt. Eine harte, gefährliche Arbeit! Wenn es morgens noch finster ist, stapfen die Männer, den Blochschlitten geschultert, die Hänge empor. Die Bloche werden mit dem „Zapin" vorne aufgelegt und mit verklampften Ketten befestigt: hinten mit dem „Zammspitzer", vorne mit „Budkette und Spanner". Den Bergschlitten lenkt und bremst der Holzzieher mit den „Tatzen" links und rechts, indem er sich einstemmt. Aufnahme: Am Fröstlberg bei Wörth in der Rauris.

Das Heuziehen von den hochgelegenen Heustadeln im Hochwinter

Zeitlich am Morgen, wenn der Schnee noch hart ist, wird das Heu auf einen 20 m langen „richtig ausgelegten" Strick „gefaßt", mit einem Kloben und 2 „Taschln" zusammengebunden zu einem „Bun" (100 kg, „4 Schuh breit und 5 Schuh lang"). Das 2. Bun wird auf das erste schräg aufgelegt, daß es hinten schleift. In flotter Fahrt geht es zu Tal, an flachen Stellen wird das „Heubrett", das der Bub hinten trägt, unter das Bun geschoben; gebremst wird mit dem birkenen „Dillstecken". Aufnahme: Wörth in der Rauris.

Beim Spankorbmacher

Große Haselnußstecken werden zu Schienen, kleine mit dem Reifmesser auf der „Hoanzlbank" zu Bändern geschnitten. Zum 70-cm-Korb braucht man 12 ganze Stecken zu 2½ m. „Das Zeug" wird 1 Stunde eingeweicht und naß zuerst der Boden aus Schienen, dann die Bänder rundum geflochten; im 2. Drittel wird das Rückenholz eingestellt, weitergeflochten bis zum Kranz aus einem mitten gespaltenen Knüttel. Je eine Hälfte wird mit Bändern aus auswendigen Teilen eingewickelt und außen und innen am Korb zur Runde gedrückt. Rückenholz und Schlitten (unten) werden gebohrt und 2 Träger aus Hanf, Leder oder „Wurzen" befestigt. Es gibt kleine Beerenkörbe, feste Steinkörbln (60 cm), Graskörbe (bis 85 cm), Laubkörbe (bis 120 cm). Aufnahme: Matthias Ripper, Saalbach.

Der Schindelmacher

Es gibt Scharschindeln, die 50 cm lang und aufgenagelt, und Legschindeln, 75 cm, die dreifach übereinandergelegt, mit Stangen und Steinen beschwert werden. Die Lärchenrundlinge (auch „nachsinnige" = nach links gedrehte) werden zu „Museln" gespalten, dann im „Kletzstock" mit Kletzhacke und Holzschlägel zu Schindeln aufgespalten. Jede Schindel wird in die „Hoanzlbank" gespannt, mit dem Reifmesser die Kanten abgeflacht (= „Fasen gemacht") — mit höchstens 10 Schnitten soll die Schindel fertig sein. Aufnahme: Der „Bleamlechner-Vater" in Wörth.

„Goaßlfahren" im Spätwinter auf dem zugefrorenen Zeller See

von Bauern und ihren Angehörigen in Tracht. Zur festlichen Auffahrt und zum Wettfahren werden die Pferde mit dem alten „Rollkummet" geschmückt (muschelbesticktem oder messingglänzendem Geschirr). Es gibt „Goaßl" (= barocke, schmale, hochgehörnte Schlitten, auf denen man hintereinander „ritt"), „Böndl" (= leichte Schlitten mit kleinem Boden) und schwere, bäuerliche Schlitten. Die Eisdecke kann bis 50 cm dick werden und hält durchschnittlich 80 Tage. Nahe dem Ufer gibt es „Brunnlöcher", die nicht zufrieren, weil Blätter usw. am Seeboden verkohlen und Methangas wärmeres Wasser von unten emporwirbelt. Aufnahme: Goaßl vom Schloß Kammer, Maishofen.

Die „Tanzlmusik" spielt lustig auf zum Tanz

in der alten Besetzung: Klarinetten, Hackbrett, Baßgeige, Bauernharfe. Die erneuerte Saalfeldener Tracht zeigt den kräftigen, schwarzen Hut, braunen Rock über schwarz-grün gestöckelter Weste, Kniebundhose, weiße Strümpfe und schwarze Haferlschuhe. Aufnahme: Im Flur des ehemaligen Gasthofes zur Post in Saalfelden.

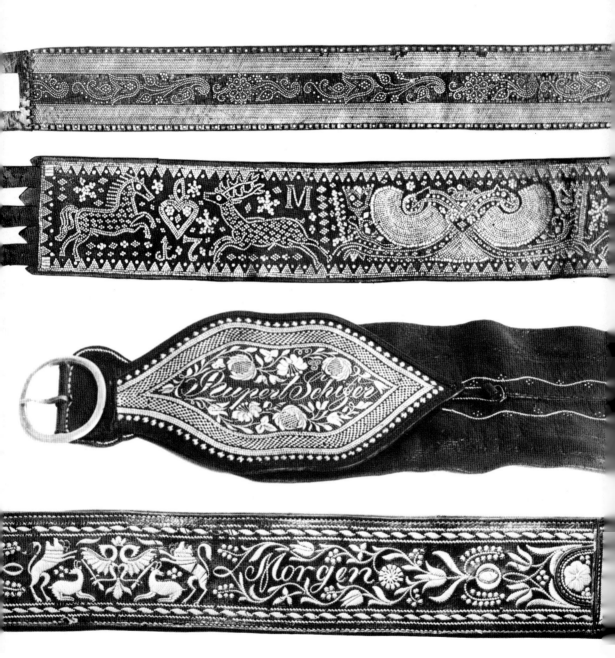

Heimatliche Ranzen gehörten zur Männertracht

Dies waren Ledergurten, die den Leib schützten und als „Geldkatzen" für das Silbergeld dienten. Seit 1700 wurden sie mit dichtgereihten Zinn-Nieten beschlagen. Der obere Ranzen zeigt Tulpen; der zweite, datiert mit 1768, abwehrende Sternräder, ein Herz, Roß mit Strahlenmähne und Hirsch als Sinnbilder der Kraft. Vor 1800 kamen Stickereien von Federkielen (von Pfauen und Gänsen) auf wie auf dem „Blattranzen"; auf dem untersten: Doppeladler, Löwen und Gemsen.

Maskenschnitzer Peter Lechner, Krimml

mit seinen dünnwandigen Zirbenmasken: Am Tram links Masken „zum Maschkerern im Fasching", in der Mitte eine totenkopfähnliche Larve eines Brotperchten (Armer, der zu Weihnachten Brotscherze sammelte). Teufelsköpfe zum „Schiachperchtenlaufen". Rechts unten die Masken vom „Krimmler Hexenspiel": der hämische Teufel, der rosigfarbene Bajaz, erdfarben die böse Hexe. Masken-Volksschauspiele brachte 1894 Peters Vater, Rupert Wechselberger, vom Stegerhof im Ahrntal.

Das Bauen beginnt im April auf den Berghöfen

Es ist noch windig und kalt. Nach einem Gebet wird mit dem Holzpflug, den die Milchkühe ziehen und der Bauer kräftig führt, der karge Boden am Sonnseithang in „schön-geraden Furchen" umgeackert. Herb riechen die Schollen. Aufnahme: Beim Königslehen in Wörth, hinten der Kramkogel.

Hagrichten, wenn es aper wird und der herbe Lassing (= Frühling) kommt

Hölzerne Einfriedungen, wegen der Lawinen „abgelegt", werden mit astfreiem, geklobenem Zaunholz „gerichtet": Der leichte „Schräg" (2 Stecken übers Kreuz geschlagen, 1 Girschtn eingelegt); der dichtere „Hag" (Kniestecken und Stecken geschlagen, Girschtn beigelegt); der dichte Pinzgauer Zaun, wo Kleingetier kaum durchschlieft (zwischen 170 cm kurzen, geputzten, zugespitzten Stecken und Kniestecken werden beiderseits 240 cm lange Girschtn „gespannt"). Aufnahme: Beim Schütterhof im Seidlwinkel.

Viehumtragen am Georgitag (23. April) in „St. Georgen in Niederheim"

Seit urdenklichen Zeiten kommen die „Viehleut" vor der Almfahrt, um „Reim (= Glück) zu erbitten fürs Vieh. Vor und nach dem Festgottesdienst wählen sie bedächtig aus der vor dem Hochaltar stehenden Truhe von den holzgeschnitzten Kühen, Pferden, Schweinen (erneuert von den Schulen St. Georgen, Bruck, Kaprun, Bramberg). Die Bäuerinnen im schwarzen, schön ausgenähten „Miedergewand" tragen sie in der Hand oder Seidenschürze, die Männer auch im Hut um den Altar und stellen sie mit einem Geldopfer wieder zurück.

Palmtragen am Palmsonntag in Stuhlfelden

Früher trugen Burschen und Buben möglichst hohe, ungeputzte „Palmbäume" zur Weihe und mußten aufpassen, daß sie nicht „geschunden" (= Rinde verletzt) wurden. Erst später kamen gebundene, verzierte „Palmbuschen" im Pinzgau auf. Der Träger geht mit dem Palm betend dreimal ums Haus, auch mit dem Spruch: „Heilige Philomena, beschütz unsere Henna vor Fuchs, Iltisgestank und Geierschnabel, Amen!"

Die Pinzgauer Wallfahrt nach Heiligenblut zu Peter und Paul (29. Juni) geht alljährlich, bei jedem Wind und Wetter, am Vortag (28. 6.) um 6 Uhr früh vom Tauernhaus in Ferleiten weg, den Psalter betend, die rote Wallfahrerfahne voran, zum 10stündigen Marsch (1600 m hinauf, 1400 m hinab) auf der Glocknerstraße und alten Saumwegen. In der Krypta am Ziel ruht der selige Briccius († 916 durch eine Lawine). In 2 Reliquiaren sieht man das grünglasige, byzantinische „Heiligblutfläschchen" und 3 morgenländische Ähren, nach der Legende aus dem Grab des Dänenprinzen gewachsen. Dechant Julius Weickl erneuerte die Wallfahrt, Aufnahme: Gebetsrast am „Petersbrünnl".

Das Jakobiranggeln auf dem Hohen Hundstein (2116 m) **am Jakobitag, 25. Juli**
ist bis Anfang des 16. Jh.s. belegt. Geranggelt wird in Altersstufen, dann um den „Hagmoar" des Pinzgaues (= Gesamtsieger), der seit je eine weiße Hahnfeder als Siegeszeichen auf den Hut erhält. Die Ranggler kämpfen barfuß, in weißrupfenem Hemd und Hose mit Gürtel nach strengen Regeln, Weh- und Würgegriffe sind verboten. Es braucht viel Kraft und Geschick, den Gegner auf beide Schultern zu zwingen. Dazu gibt es den Kreuzwurf, das Stieren, das Knüpfen, das Hufen, das Aufdrehen, den Schulterwurf.

Brotbacken im Backofen vor dem Hof

Abends kommt die gewisse Menge Mehl in den Trog, darin wird ein Kreuzzeichen mit der Hand gemacht, das „Dampfl" aus Mehl, Germ (früher Sauerteig) und warmem Wasser angerührt, über Nacht in der Stube stehen gelassen. Um 3 Uhr früh wird der Backofen mit 16 meterlangen Scheitern angeheizt, der Teig mit lauem Wasser und etwas Salz geknetet, 2 Stunden „rasten gelassen", damit er „aufgeht". Wenn die Scheiter „abgeheizt" sind, wird die Asche mit nassem Strohbesen ausgekehrt. Laibe und Wecken werden auf „Backbretter" gelegt, mit der „Ofenschießl" auf die glühenden Steine „eingeschossen", nach ca. 2 Stunden herausgeholt, mit dem Roßhaarbartwisch mit Wasser „angestrichen" und zum Auskühlen abgelegt. Aufnahme: Obermusbachbauer, Hintertal.

Almarbeit auf der Hochalm

Melkviehalmen mit Kühen und Ziegen brauchen einen Sennereibetrieb mit Almhütte, Galtviehalmen für Jungrinder und Pferde nur eine Hüterhütte, Schafbirge sind höchstgelegene, beweidbare Gebiete. Voralmen meist 20. 5. bis 24. 6. und 8. 9. bis 15. 10. benützt; Mittelalmen 5. 6. bis 15. 10.; Hochalmen 24. 6. bis 8. 9. Im Tauerngebiet hat die Almhütte meist 1 Vorraum mit 2 offenen Essen, Milch- und Käsekeller, Schlafraum unter Dach, Kuh- und Gaisscherm (= Schirm, Unterstand), Schweinestall. Von 4 Uhr früh bis abends ständig Arbeit: Melken, Abrahmen, Buttern, Käsen, Kochen, Vieh- und Almpflege! Aufnahme: Königsalm bei Wörth.

Alte Holzgebinde der Milchwirtschaft

Die Milch wurde in den „Milchsechter" gemolken, durch den kegelförmigen „Seiher" mit Zopf aus Kuhschwanzhaaren in die große Tragbutte geseiht, in flachen „Stotzen" 2 Tage lang aufgestellt, mit dem „Rahmspan" abgerahmt, der Rahm im „Butterfaß" durch Stoßen verbuttert. Zur Käsebereitung wurde Magermilch im Kessel erwärmt, „Boaß" (= Lab aus getrockneten Kälbermägen) und „Kasbleaml" (= Frühlingssafran) mit Gaismilch zur Kugel geknetet, mit dem „Kasroller" eingerührt. Die Milch gerann, Molke schied sich vom Topfen, der mit dem „Seihgatzl" ins „Kaskarl" geschöpft wurde. Aufnahme: Heimatmuseum Mittersill.

Noch gebrauchte hölzerne Buttermodel aus dem Unterpinzgau

Mit Liebe und Stolz wird die Butter auf der Alm von der Sennerin, auf dem Hof oft von der Bäuerin verziert: Butter wird über das Modelbrett (vorn mit Sonne, hinten mit Herz) gerollt; mit Rollmodeln Ornamente aufgewalzt; mit Butterstempel geschmückt; in ein „Buttertrücherl" oder ein 5teiliges „Butterstöckl" gepreßt. Die Ziermotive reichen von vorchristlichen Heilszeichen über christliche Sinnbilder bis zu volkstümlich eingeschnittenen Pflanzen und Tieren.

Fliegender Weißkopf- oder Gänsegeier

Diese Großvögel sind eine naturwissenschaftliche Besonderheit des Pinzgaues. Es ist dies das einzige Weißkopfgeier-Vorkommen im gesamten Alpenraum. Die Weißkopfgeier sind nur Sommergäste, ihr Winteraufenthalt ist noch unbekannt. Obwohl sie unter Ausnützung lokaler Aufwinde weite Teile der Hohen Tauern auf der Suche nach Aas befliegen, sind sie durch ihre Schlafwände weitgehend an das Hollersbach- und Rauriser Tal gebunden (nach Prof. Dr. E. Stüber).

Tanz der Stuhlfeldener Schönperchten mit ihren fliegenden Federkronen

(„trestern", von dreschen, durch Austreten der Getreideähren), ein uralter Kulttanz, der mystisch wirkt. Nachdem der Hanswurst mit der Lederwurst auf den Boden ein Kreuz geschlagen, springt „die Vorpercht" (= der Vortänzer) herein, dann die anderen. Der urige Tanz voll Kraft, Geschmeidigkeit und Rhythmik, teils lautlos, teils dunkeltönend im Takt, mit schnellen Trippel-, Stampf- und Schleifschritten, Drehungen und Sprüngen, zu einer oder zwei Klarinetten im Dreivierteltakt, zeigt „Trischlag" und „Spieltanz".

Almabtrieb mit „Furkeln" von der Kallbrunner Alm

(Gemeinde Weißbach) im Steinernen Meer. Die Almleute arbeiten viele Tage an der Zier, die den Kühen zwischen den Hörnern befestigt wird. Bei den „grünen Furkeln" werden zarte Fichtenäste halbkreisförmig aufgebogen und in den Stamm gesteckt, mit farbigen Hobelscharten-Sternen und einer bunten „Fleder" am Spitz verziert. Bei den „bunten Furkeln" werden Stamm und Äste mit farbigem Seidenpapier umwickelt.

Kräuter- oder Fraubuschen, am „Großen Frautag" (15. 8.) in Weißbach

geweiht, aus neunerlei Heilpflanzen von der Alm gebunden: In der Mitte „Rugei" (Fruchtstände d. Alpenanemone) oder Eisenhut, Margeriten, violetter Enzian, Labkraut, Wermut, Schafgarbe, wilder roter Holler, blauer Waldenzian, Arnika. Die getrockneten Kräuter werden bei Krankheit Mensch und Tier als Tee oder Einlauf bereitet, der Rest in den Rauhnächten zerrieben dem Vieh „für den Gsund" verfüttert.

Pinzgauer Schützen in ihren erneuerten Trachten

Freiwillig zogen 1805 und 1809 die Pinzgauer Schützen für die Heimat in den Kampf. Heimattreue, Einordnung und Kameradschaft vereinen auch heute alte und junge Schützen in den 7 Kompanien des Anton-Wallner-Bataillons: Von links nach rechts Schütze aus Mittersill, Saalfelden, Lofer (mit der „Steinfeder" am Hut, die nur bei Lofer wächst), Panzl-Schütze mit Fahne aus Mühlbach—Bramberg (Hans Panzl, 1786 in Mühlbach geboren, war 1809 Kommandant der Pinzgauer), Wallner-Schütze aus Krimml (Anton Wallner, 1768 in Krimml geboren, Oberkommandant in Salzburg), Schütze aus Sankt Georgen; Taxenbach nicht vertreten.

Erneuerte Pinzgauer Frauen- und Mädchentrachten des Fest- und Alltags

Von links: Schwarze allgemeine Salzburger Tracht, Mädchenfesttagstracht mit schwarzgerändertem rotem Leibchen (Vorbild Ende 18. Jh.), bürgerliches Festkleid (Vorbild vom Beginn des 19. Jh.s), Hochzeitstracht mit Brautkrönlein, Festtagstracht mit Silberborten (Vorbilder vom Ende des 18. Jh.s), Alltagstracht mit rotkariertem Leibchen (Aufnahme: Singkreis Bruck/Glocknerstraße).

Votivtafeln, meist aus Maria Alm, im Heimatmuseum Schloß Ritzen

(ex voto = aus einem Gelübde) zeigen bäuerliche und bürgerliche Pinzgauer Alttrachten. Oben links: bürgerliche Berghaube, daneben Mädchen mit Jungfrauenkränzchen und Frau mit niederem Hut. Verstorbene mit roten Kreuzen. Unten: Männer mit schwarzem Halsflor, Frau mit höherem Hut; Mitte: Frau mit Nebelstecher und Spitzenkragen.

In der Kirche St. Nikolaus in Felben bei Mittersill harmonieren verschiedene Stilarten: gotische Umfassungsmauern, sternrippengewölbtes Langhaus von 1479. Hochaltar: 1631 vom Mittersiller Tischler Ruep Niderfilzer. Im Schrein spätgotische Holzstatuen der „14 Nothelfer" eines früheren Altares. Zu diesen Heiligen gab es eine Wallfahrt. Seitenaltäre spätbarock, um 1740, bereichert um 1780.

Schmuckbehälter, heimatlicher Schmuck, Salzburger Silbergeld

In Spanschachteln, bemalter Holzkassette, gedrechselter Dose, Kästchen mit aufgeklebten Strohverzierungen wurden Brautkranzerl und Kostbarkeiten aufbewahrt: Rosenkränze mit Granaten, Silberfiligran, Email; ein ovaler „Pestsegen" aus Steinbockshorn mit Reliquien und Bergkristallen; davor Silbergeld von 1681–1802, vorn ein „Rübentaler" von 1516. Rechts Silber-Florschnalle („Röserlschmuck") und Tauftaler; „Haarpfeile" mit heimischen Halbedelsteinen. Stücke u. a. aus dem Heimatmuseum Mittersill, Edthof in Taxenbach, der Trachtenstube der „Kitzstoana", Zell am See.

Oberpinzgauer Bauernmöbel im Heimatmuseum Bramberg

Blankholz-Zirbentruhe von 1647 mit eingeschnitzten Sonnenwirteln. Spätgotische Kreuzgruppe von Oberau am Bramberger Sonnberg. Rechts bemalter Kasten von 1763. Hinten Votivbilder, links von 1759 Maria auf Wolken, rechts von 1773, ein Bauernsohn verlobt sich „Unserer Lieben Frau".

Die Marienklage in der Kirche zu Bramberg, Steinguß-Pietà um 1415

einer Salzburger Werkstatt, deren Werke nach Bayern, in die österreichischen Länder und tief nach dem Süden gingen, ist eine der ältesten Plastiken, die sich im Pinzgau erhalten haben. Beachtlich die Anordnung der Hände, die noch ursprüngliche Farbigkeit und der ergreifende Gesamteindruck des reifen Werkes.

Die Muttergottes in der Salcheggkapelle am Fröstlberg über Wörth

nach der Überlieferung seinerzeit am Hochaltar der Kirche zu Rauris und vom Salcheggbauer in der Rokokozeit bei Nacht und Nebel vor der Vernichtung geholt, ist ein einzigartiges Werk des Frühbarock im Pinzgau, über 2 m hoch, Salzburger Arbeit um 1630 (Hans Waldburger?).

Almabtriebsgeläute vom Weyerhof in Bramberg

Von weitem hört man das gutabgestimmte, rhythmische Geläute des Almabtriebs. An breiten Lederriemen, mit farbiger Wolle, Muscheln und Federkielstickereien verziert, tragen die schönsten 10 Kühe Glocken: fünf aus Blech zusammengenietete „Tuschglocken" scheppern, rumpeln, rollen dumpf, fünf „Speisglocken" (aus Glockenspeise gegossen, eine mit der Jahreszahl 1769) klingen hell, mitteltönend, dunkelvoll, eindrucksvoll zusammen.

Punktierter Enzian

Auf den Almmatten blühen die Enziane: Zuerst die leuchtendblauen Sterne der „Schusternagerl" (= Frühlingsenzian), dann die schönen Kelche des „Stengellosen"; zur hohen Almzeit der hohe „Gelbe", der gestockte „Violette" und der „Punktierte", blaßgelb, dunkelbraun punktiert. Die tiefreichenden Wurzeln sind aromatisch und bitter. Während des „Frauendreißigers" (vom Hohen Frautag bis Kreuzerhöhung, 15. 8. bis 14. 9.), da Wurzeln und Kräuter in höchstem Saft und von besonderer Wirkkraft, stechen sie die „Wurzelgraber"; zu „Echtem" gebrannt, hilft der Enzian so ziemlich bei jedem Weh.

Heutragen

Auf den steilen Leiten wird das Heu mit dem Rechen „auf Ballen geschlagen", auf einen Strick aufgelegt und zu einem „Faschtl" fest zusammengebunden. Der Bursch nimmt es sitzend auf Achsel und Kopf (= „Lauswagen"), steht damit auf und trägt es zur Triste oder zum Stadel. Aufnahme: im Vorsterbach bei Wörth.

„Schaflschoad" (= Scheidung der Schafe) **beim Kaltenhauserwirt in Hollersbach**

Bauern haben „Gräser" = Alpungsrechte. Für die Almzeit braucht 1 Pferd 3 Gräser, 1 Kuh 1 Gras, 5 Schafe 1 Kuhgras (= genau bestimmte Weidefläche). Im Hollersbachtal betreut ab Mai ein „Schafler" viele Schafe verschiedener Besitzer. Jungschafen werden die Schwänze abgedreht, damit sie nicht anfrieren. Zum Schutzengelsonntag werden die Schafe zusammen- und abgetrieben, sie „bären" (= schreien), Hunderte von Glöckerln bimmeln. Auf dem Scheidplatz sind eingezäunte „Keixn" (= Standln, Pfrenger), in die schubsen die Besitzer ihre Schafe, die sie am „Ohrmarch" (Ab- und Einschnitte als Merke) erkennen.

Almabtrieb im Oberpinzgau mit „Boschen"

Die Köpfe der Glockkühe sind mit mächtigen grünen „Taxboschen" (= Äste von Fichten oder Tannen), mit farbigen Bändern geschmückt und fast verdeckt. Aufnahme: Die Kühe des Angerbauern in Walchen auf dem Heimweg im Herbst von der Alm.

Bauernmühle

Ein Bacherl treibt oberschlächtig das Wasserrad, die Achse in der Mühle das Birkenholz-Zahnrad, damit das Topfrad mit Längsspeichen aus Kirschholz und dessen Achse den oberen Mühlstein. Der untere ruht auf dem Boden. Aus dem Getreidekasten rinnt das Getreide zwischen die Mühlsteine zum Mahlen. Nach Getreidegröße und Mehlfeinheit wird der Mühlstein gehoben oder gesenkt. Das Mahlgut rinnt in die vom Topfrad gerüttelte Siebrinne, das Mehl wird in die Mehltruhe gesiebt, die Kleie fließt ab. Aufnahme: Fröstlberg, Wörth.

Brechelhütte mit Leichladen (= Totenbretter) und Marterln am Unkenberg

Mild scheint die Sonne durch silberne Spinnfäden, das Laub wird gelb, die Bergkirschen flammen rot. Früher gedachten die Lebenden öfter ihrer lieben Toten und gleich schlicht, ob es einem kleinen Knechtl oder großen Bauern galt. Man brachte am Kirchweg an einer Brechelhütte oder einem Stadel einen „Leichladen" mit Inschrift an. Der Brauch reicht soweit wie die erste bairische Landnahme zurück. Seinerzeit war es das Brett, auf dem der Tote aufgebahrt und zu Grabe getragen wurde. Daneben 2 „Marterln", volkstümliche Erinnerungsbilder an Unglücksfälle.

Flachsbrecheln am Brechelloch beim Penkerbauern in Bramberg

Flachs brauchte man für Kleidung und Bettzeug. Er wurde nach der Getreideernte ausgezogen, getrocknet, die Linsen (= Samen) zu Leinöl gepreßt, die Halme zum Bleichen auf einer Wiese ausgebreitet. Im Herbst wurde das Brechelloch mit Hartholz geheizt, auf dem Holzrost darüber der Flachs vorsichtig geröstet, dann bündelweise grobgebrechelt, wobei die holzigen Teile („Brechelweizen") abfielen. Nach nochmaligem Rösten und Feinbrecheln wurden „Haarreistl" zusammengedreht. Am Hüttenfirst war der „Brechelboschen" aufgesteckt, den die Nachbarn zu stehlen oder rauben versuchten.

Pinzgauer Osterbrote

In vielen Orten gibt es noch den „Osterfleck" (im Oberpinzgau „Fochetz"), mit Hilfe eines „Krapfenradls" (= Zahnrädchen mit Stiel) mit einem Achteck verziert. In St. Martin machte Bäckermeister Kofler eine „Henne" für die Buben, ein „Kranzerl" für die Dirndln. Die „Godnkinder" erhielten sie bis zum 14. Lebensjahr von ihren „Godn" (= Paten). Die Weißbrote werden am Ostersonntag mit der „Weich" (= Ostereier, Speck, Kren) im „Weihkorb" in der Kirche gesegnet und mittags daheim gegessen.

Das Brot wurde als „Gottesgabe" geschätzt

denn einst wurde nur karges Getreide unter großen Mühen geerntet. In den Höfen wurde selten Weiß-, meist Schwarzbrot gebacken und mit einem eigenen Zeichen, dem „Hausmarch", gemerkt.

Die Gebildbrote „Hirsch" und „Zopf" zu Allerheiligen

frei geformt, erhielten stellvertretend für die Toten einst die Armen, jetzt werden sie den Buben und Dirndln geschenkt. Den sinnbildhaften Formen schrieb man magische Segenskraft zu. Aufnahmen aus Dienten.

Tiersegnung zu Leonhardi (6. November) in Eschenau

Am Festtag des Viehpatrons St. Leonhard treiben die Erwachsenen und Kinder ihr liebes Groß- und Kleingetier auf eine Wiese unter der alten Kirche. In einem großen Kreis stehen Pferde, Rinder, aber auch Hühner und Hasen. Inmitten ist ein Altar aufgerichtet mit der Schnitzfigur des Heiligen, der „Reim für d' Viecher gibt". Der geistliche Herr im Ornat hält kurze Andacht, dann werden die Tiere im Kreis umgetrieben und erhalten dabei Weihbrunn und Segen.

Wolltatschen

Draußen ist's herbstkalt und unfreundlich. Jetzt gehen die verschiedenen Arbeiten im Haus los. Die Schafwolle wird gewaschen und dann auf der „Wolltatsch" (= zwischen einem feststehenden Holzkasten mit vielen Eisenspitzen und einem beweglichen Nagelbrett) immer feiner gerissen und gekämmt (= getatscht), bis sie ganz flaumig ist. Aufnahme: Das „Huatmann-Annei" in ihrer Stube mit einem Rauriser Bauernkasten von Meister Hacksteiner von ca. 1840 und „umgedrehten Kitteln".

Spinnstube

Die getatschte Schafwolle, aber auch das blondgoldene „Haar" (= Flachs) wird mit Spinnrädern gesponnen. In der Spinnstube kommen die „Weiberleut" — junge und alte — vom Hof und von der Nachbarschaft zusammen. Bei der Arbeit wird geplauscht, erzählt, gesungen, sinnvolle Rätsel aus dem bäuerlichen Lebenskreis werden besonders der Jugend zum Erraten aufgegeben. Damit wird manche Lebensweisheit vermittelt. Aufnahme: Bei der Schütterbäuerin im Seidlwinkel, Wörth.

Hauswebern

Das Gewebe bilden lotrechte Ketten- und waagrechte Schußfäden. Die Kette entsteht durch Spannen der Längsfäden (am Scherbaum geschert, auf den Kettbaum aufgezogen). Jeder Längsfaden wird einzeln durch die Litzen der Schäfte und durchs Blatt dahinter gezogen, auf den Warenbaum aufgespannt; das Schiffchen mit Schußgarn durch das Fach der Fäden (entsteht durch Treten der Tritte) durchgeschossen; durch Schlagen mit dem Schlag (= Kamm) das Gewebe festgeklopft. Muster entstehen durch besonderes Einfädeln der Schäfte und den damit verschnürten Tritten. Gewebt werden Leinen, Halbleinen, Wollstoff, Fleckerlteppiche. Aufnahme: Die „Beilberg-Traudl" in Hollersbach.

Bäuerliche Gefäße

Was das Jahr schenkte, wurde glücklich eingebracht. Der Arbeitssegen ruht in Stall und Scheune, Kammer und Keller. Von Arbeitsmüh' und Freud' erzählen vielerlei Gefäße: links mit Sonne ein Bierkrug, rechts mit blauer Zier ein Wasserkrug, daneben ein heller. Hinten ein Plutzer für selbstgebrannten Schnaps. Rechts ein grünirdenes Gefäß zum Essentragen aufs Feld. Vorn eine Milchschüssel, ein bemaltes „Budei" für Schnaps, ein altes Besteck. Aufnahme: Heimatmuseum Rauris.

Im Herrgottswinkel

Das Wetter ist regnerisch, windig, kalt. Wunderbar ist die Geborgenheit in der wohligwarmen, zirbenvertäfelten Bauernstube mit dem Herrgottswinkel, wo der breitspurige Tisch mit den Bänken steht, der geschnitzte Herrgott seine Arme breitet und bunte Hinterglasbilder — einst von Kraxentragern eingehandelt — Trost spenden. Da kommt die Hofgemeinschaft zusammen zu ernster Aussprache, launigem Wort, zum täglichen Essen (hier warme Milch aus der Holzschüssel auf der hölzernen „Pfannlappin" (= Halter) und zum gemeinsamen Gebet. Aufnahme: Beim Walcherbauern in Maishofen.

Alpererfahren im oberen Oberpinzgau am Martinivorabend (10. November)

Noch bis nach 1960 (jetzt noch in Bramberg) hörte man das Geläute der Almglocken, Schnalzen, Tiergebrüll und den langgezogenen Ton des „Büllhorns" (= Bockshorns). Die „Alperer" kamen zu den Höfen wie ein Almabtrieb: Burschen als „Kühe" mit Glocken, ein Stier mit Kranz und angehängtem Sack mit Leinsamen als Zeichen der Männlichkeit. Zwischen „Viehhändler" und „Bauer" kam es zu einem „Kuhhandel" um eine ledige Tochter oder Magd am Hof: als „Rügegericht" wegen einer Liebschaft oder Eigenheit. Aufnahme: bei Dunkelheit mit Blitzlicht, Hollersbach.

Frautragen im Advent

Im Unterpinzgau und bis Viehhofen geht „die Frau" — meist ein barockes Ölbild oder eine Statue der gesegneten hl. Maria — vom Hof aus, wo sie über das Jahr bleibt. Am Abend kommen die Nachbarn zum „Einholen". Der Hausvater trägt sie meist offen an seiner Brust durch Finsternis und Schnee, begleitet von jung und alt mit Gebet und Laternen zum Nachbarhof. Die Stube „ist mit Hausaltarl, heiligen Tafeln, Kerzen und Taxach schön gerichtet". Gemeinsam wird gebetet, dann geplauscht. Die „Frau" bleibt meist 1 Nacht und 1 Tag „zur Herberge, was Glück bringt". Dann zieht sie weiter nach altem Plan, am Heiligen Abend wird sie zur Kirche getragen. Aufnahme: Beim Sommerer, Sonnbergdienten.

Schiachperchten in Rauris

Am Vorabend des St.-Nikolaus-Tages (am 5. Dezember) laufen noch in vielen Orten des Pinzgaues — selbst in der Stadt Zell am See —, besonders aber in Rauris, die „Schiachperchten": in zottigen Fellen, breite Lederriemen mit dumpfrollenden blechernen Schellen umgegürtet, tragen sie meist schwere, holzgeschnitzte, schwarz, weiß und rot bemalte Larven mit roter Zunge und hohen Hörnern. Sie brüllen, stampfen und springen, schlagen mit der Rute und rasseln mit Ketten.

Anklöckln in Rauris

An den drei Donnerstagabenden im Advent ist das Anklöckln (klöcken = klopfen) in der christlichen Form der Herbergsuche von Maria und Josef Brauch: Im Flur jeden Hauses, das die Anklöckler erwartet, brennt ein Lichtl. Der Vorläufer fragt ums Hereinkommendürfen. Der Hausvater sagt: „Das wär' mir und dem Haus a Ehr'." Maria reitet auf einem Muli, den Josef führt, in die Stube, gefolgt von Hirten. Sie singen alte Adventslieder, Maria spricht den Neujahrsglückwunsch, der Hausvater dankt. Aufnahme: Im Schütthof im Seidlwinkel.

Anklöckln in Fusch mit Schimmel und Stern

Durch die kalte Nacht hört man ein helles Gebimmel und sieht man ein buntes, sich drehendes Licht: Die Anklöckler kommen! Voran der „Rößlträger": Ein Bursch trägt an Riemen über den Schultern das „Rößl" (Holzgestell mit weißem Rupfen, Knöpfe als Augen, „Schaflohren" und beweglichen hölzernen Hinterfüßen zum „Ausschlagen"), rennt um den Hof, „macht Platz" unter den „Hofleuten". Der „Sterntreiber" dreht den Stern, die übrigen singen Adventslieder und wünschen Segen fürs neue Jahr. Aufnahme: Schiedgut in Fusch.

Weihnachtliche Gebildbrote und Bachllaib

Der 24. Dezember heißt „Bachltag", weil nur an diesem Tag noch in vielen Häusern um 11 Uhr das kultische „Bachlkoch" (Mehlkoch mit Butter und Honig) gemeinsam aus der Pfanne gegessen (davon auch den Bäumen gegeben) wird, dem man lebenserhaltende Kraft zuschreibt. Das eigentliche Klotzenbrot für die Hofleute in der Hl. Nacht ist der „Bachllaib" (Heilignachtlaib, Adam und Eva), der besonders verziert, „eingeraucht", mit Weihbrunn besprengt, vom Hausvater angeschnitten und ausgeteilt wird. Aufnahmen: Kälberkuh, Facklsau, Haarreistl (= Haarsträhn), Hufeisen vom Unterdillinghof, Maishofen; Bachllaib vom Schütterhof, Seidlwinkel; Kälberkuh vom Schnegghof, Dienten.

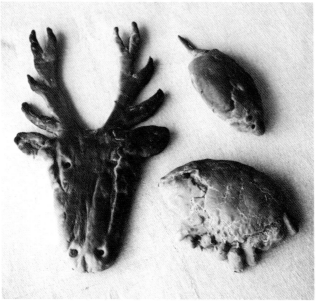

Weihnachtliche Brotmodel und Gebildbrote

Oben: Weihnachtsbrotmodel aus Niedernsill mit Heilszeichen: Doppeladler, Sechsstern, Achtstern, Kreuz, IHS, Herzen. Unten: Aus der Hand freigeformte „Gebildbrote". Hirschkopf aus Piesendorf; Facklsau (= Schwein mit Jungen) und Maus (galt als Seelentier: man meinte, die Seele verließe während des Schlafes den Körper in Form einer Maus) aus Atzing: sie brächten Gesundheit, Fruchtbarkeit, „Reim" (= Glück).

Krippenfiguren aus der Kirche zu Saalbach

Immer, wenn es Weihnacht wird, galt und gilt die tiefe Innigkeit des Volkes dem „Kripperlherrichten". Das Wunder der Hl. Nacht und der Zug der Drei Könige wurde seit je von der Hochkunst und volkstümlichschlicht in Kirchen- und Hauskrippen dargestellt. Das Christkind liegt in der Krippe zwischen Maria und Josef, und Ochs und Esel sind auch dabei. Zuerst kommen die Hirten, dann, vom himmlischen Stern geführt, die Heiligen Drei Könige aus dem Morgenlande mit Rossen und Kamelen — just am „Großen Neujahrstag", dem 6. Jänner.

DER PINZGAU

Die Landschaften

Der Pinzgau ist mit seiner Fläche von 2641,36 qkm der größte Gau des Bundeslandes Salzburg mit den höchsten Erhebungen, die auf einer Länge von etwa 70 km auf dem Hauptkamm der Hohen Tauern liegen und gegen Südtirol (Italien), Osttirol und Kärnten die Gau-Südgrenze bilden. Sie reicht im Westen über die Hohen Tauern hinaus in die Reichenspitz-Wildgerlos-Gruppe hinein, die meist zu den Zillertaler Alpen gezählt wird. Dort bildet der 2892 m hohe Dreiecker den SW-Pfeiler des Gaues.

Die höchste Erhebung des Pinzgaues ist der Eisgipfel des *Großvenedigers* (3674 m) inmitten von ausgedehnten Keesen. Etwa 20 km östlich der *Venedigergruppe* befindet sich die ebenfalls vergletscherte *Granatspitzgruppe* mit Gipfeln knapp über 3000 m. Östlich von ihr erhebt sich mit großartiger Vergletscherung die *Großglocknergruppe* mit ihren zwei nördlichen Seitenkämmen; auf dem westlichen ragt das Kitzsteinhorn (3203 m), auf dem östlichen das Wiesbachhorn (3564 m) in Pyramidenform empor. Der Großglockner (3797 m), der höchste Berg Österreichs, befindet sich auf einem Südkamm in Kärnten. Wieder weiter ostwärts steigt aus den Gletschern der *Sonnblickgruppe* der Sonnblick empor, auf dessen Gipfel (3105 m) die höchste Wetterwarte Österreichs steht. Den Ostpfeiler der Hohen Tauern im Pinzgau bildet der Herzog Ernst (2933 m).

Nun verläuft die Gau-Ostgrenze — zum Pongau — nach Norden über den Kamm zwischen Rauriser und Gasteiner Tal. Bei Lend erreicht sie in etwa 613 m absoluter Höhe die W—O streichende Salzachtalung, wo die *Salzach* östlich der Taxenbacher Enge, rund 30 km nördlich des Tauernhauptkammes, den Gau verläßt.

Alle Tauerntäler verlaufen in der Richtung Süd—Nord, also quer zur West—Ost angelegten Haupt- bzw. Längsrichtung des Gebirges und der Salzachtalflucht. Sie liegen parallel zueinander, sind fiederförmig angeordnet und durch meist scharfgratige Kämme getrennt. Sie zeigen in der Regel gleichmäßig steile Flanken, wenn sie nicht durch Einwirkung von Gletschern Überformungen, Trogleisten, Moränen u. dgl. aufweisen.

Von Lend zieht die Gaugrenze gegen den Pongau über die breiten Rücken des (Grauwacken-)Schiefergebirges nach Norden, wo sie nahe dem *Hochkönig* (2941 m) auf die *Kalkhochalpen* trifft; von dort läuft sie in NW-Richtung gegen Bayern über das weite Hochplateau des *Steinernen Meeres* (Selbhorn 2643 m) zum Hirschbichl (1153 m), über das Stadelhorn (2287 m) und die Reiteralm. Wo sie die aus SW kommende *Saalach* schneidet, ist die tiefste Stelle des Pinzgaues (519 m).

Westlich schwingt die Grenze — zuerst zu Bayern, dann zu Nordtirol — über das Sonntagshorn (1961 m), dem nördlichsten Punkt des Gaues, zur Kammerköhrplatte (1869 m) und weiter in großem Bogen, das tiefgelegene Strubtal querend, zum Paß Strub (677 m), über die *Loferer Steinberge* (Ochsenhorn 2511 m) und die *Leoganger Steinberge* (Birnhorn 2634 m) zum Paß

Grießen (941 m) und damit in die Leoganger Tallinie, bei der die Kalkhochalpen des Pinzgaues enden.

Die mauergleichen Abstürze, vegetationslosen Wände, die fast wasserlosen und meist pflanzenfreien Hochplateaus mit Karrenfeldern und Dolinen, Höhlensysteme, schüttere Nadelholzbestände am Fuß und Almen, wo weichere und wasserreichere Schichten zutage treten, bezeichnen den Charakter der Kalkhochalpen. Der Pinzgauer nennt sie treffend „Steinberge". An der Tiefenlinie Paß Grießen—Saalfelden—Maria Alm—Hintertal—Filzensattel—Dienten ist deutlich zu erkennen, daß die Gesteine der Kalkalpen — meist verschiedene Kalke und Dolomite — aus dem Mittelalter der Erdgeschichte auf denen der Schieferalpen aufliegen. Nördlich und westlich einer Tiefenlinie Paß Strub—Loferer Becken—Unkener Becken—Steinpaß sind die Berge wesentlich niederer; häufig treten tonreiche Kalkgesteine auf, die wegen ihres Wasserreichtums Almen und Nadelholzwuchs bis in die Gipfelzonen begünstigen.

Die *Saalach* entspringt in den Schieferalpen des innersten Glemmer Tales, erreicht bei Maishofen die Zeller Furche, fließt zwischen eiszeitlichen Ablagerungen in das Saalfeldner Becken; dann durch die von eiszeitlichen Gletscherströmen deutlich U-förmig ausgehobelten „Hohlwege" in das Loferer Becken, durch die Enge des Kniepasses in das Becken von Unken und verläßt nahe dem Steinpaß den Gau. Sie bildet die Hauptachse des Entwässerungsnetzes des pinzgauischen Kalkalpengebietes; sie nimmt Urslau, Leogangbach, Weißbach, Schüttgrabenbach, Loferbach, Unkenbach auf.

Die Pinzgauer Grenze zu Nordtirol trifft bei Hochfilzen wieder auf die *Schieferalpen* und zieht in westlichen Richtungen über das Spielberghorn, die Sonnspitze (2062 m) zum Geißstein (2363 m), über den Paß Thurn (1274 m) zum Großen Rettenstein (2362 m), weiter zum Salzachgeier (2467 m), dem Ursprungsgebiet der Salzach und südlich zum Gerlospaß. Längs der Südgrenze der Schieferalpen, also der Linie Gerlospaß—Salzachlängstalung—Lend, tauchen die Hohen Tauern unter die Schieferalpen ein. Für das Landschaftsbild der Schieferalpen sind breite Höhen- und Kammrücken, weite Alm- und Waldflächen (auf den Schattseithängen reicht der Wald oft bis ins Tal) typisch. Die höheren Erhebungen, wie Rettenstein, Geißstein, Spielberghorn, sind auf das Vorhandensein härterer Gesteine zurückzuführen, sie überschreiten aber nirgends Gipfelhöhen über 2500 m.

Die südliche Kammflucht der Schieferalpen, die im Westen etwa am Schafsiedel (2447 m) ansetzt, zieht über den Pinzgauer Spaziergang zur Schmittenhöhe und steigt zum Zeller See ab. Der *Zeller See* selbst, das östlich davon gelegene Hundstein-, Schwalbenwand- und Dientener Gebiet werden nach Süden zur Salzach entwässert. Die Bäche des Glemmer Tales münden in die Saalach, die Nordflanken des Spielberghorn-, Wildkarkogel-, Sausteigen-Bereiches bringen ihre Wässer in den Leogangbach ein, die Nordabdachung des Hundstein in die Urslau.

Die Schieferalpen bestehen vornehmlich aus verschiedenen Schiefern aus dem Erdaltertum. Auch alte Kalke, Dolomite, Diabasgesteine, die wie Basaltdecken in den Schiefern liegen, kommen vor und bilden härtere und wohl auch höhere Grate und Gipfel. Die Schiefer verwittern leicht, bilden weiche, kuppige Berg- und weite Talformen. Sie sind reich an Wässern und damit an Wäldern, Almen, Grashängen, weshalb sie die Pinzgauer mit Recht als „Grasberge" bezeichnen. Früher hob man aus den Schieferbergen silberhältige Kupfererze, Eisen- und Schwefelerze sowie Magnesit. Die Vorkommen sind zum großen Teil abgebaut oder mangels Rentabilität aufgelassen. Einige Bedeutung hat noch die Gewinnung von Diabasschotter. Die relativ flachen Schieferhänge sind für den Wintersport günstig, die Gipfel bilden eindrucksvolle Rundblicke, so daß der Fremdenverkehr hier eine bedeutende Rolle spielt.

Südlich der Salzach-Längslinie bauen sich die *Hohen Tauern* auf. Ihre Gesteinsschichten fallen unter die Schieferzone ein, so daß die innerste Gesteinsserie von den Tauerngesteinen gebildet wird, während darüber die Gesteine der Schieferzone und darüber gewissermaßen wieder die der Kalkalpen liegen. Die *Gesteine* der Hohen Tauern sind in der Hauptsache kaum ursprüngliche, sondern „umgewandelte" kristalline. Umwandlungen sind nach Auffassung der Geologen darauf zurückzuführen, daß nichtumgewandelte Gesteine im Laufe der Erdentwicklung in tiefere Schichten der Erdkruste gedrückt wurden, unter hohen Druck und hohe Temperaturen kamen und in einen „zähflüssigen" Zustand gerieten. Innerhalb der „teigigen" Gesteinsmasse ergaben sich Stoffumwandlungen, so daß sich in den schon vorhandenen Stoffen neue Mineralien, wie Granat, bildeten. Aus tieferen Teilen der Erdkruste wurden gelegentlich auch neue Stoffe, wie Kupfer, Uran, Beryllium, Wolfram, Arsen u. a., den oberen Schichten zugeführt, so daß *neue Mineralien,* wie z. B. der Smaragd, entstehen konnten. Setzte in der Folgezeit eine Hebung tieferer Erdkrustenteile ein, kamen die „teigigen" Gesteinsschichten in höhere, d. h. kältere Bereiche und kühlten dort langsam ab. So konnten die einzelnen Mineralienbestandteile auskristallisieren, und es entstanden die „Kristallinen Schiefer". Diese bilden weithin die Oberfläche der Hohen Tauern, wo sie auch die drei Zentralgneiskerne, nämlich den Venediger-, den Granatspitz- und den Sonnblick-Kern, ummanteln und so eine ausgeprägte „Schieferhülle der Hohen Tauern" darstellen. In ihr fand man neuerdings Scheelit (ein Wolframerz); früher wurden z. B. im Rauriser Tal reiche Golderze und an anderen Stellen Kupfererze gefunden, doch lohnte sich auf Dauer deren Förderung nicht.

Das Landschaftsbild der Hohen Tauern ist geprägt durch die Gipfelhöhe der Bergriesen, welche die Dreitausendermarke manchesmal um mehrere hundert Meter überschreitet. Wilde, harte Verwitterungsformen zeigen Grate, Scharten und Gipfel, die, oft in ausgesprochener Pyramidenform, sich aus weiten Gletschermulden erheben. Diese sind alte, voreiszeitliche Landoberflächen, die bei völlig anderen Klimaverhältnissen entstanden sind, als wir sie heute hier vorfinden.

Durch die *Tauerntäler* flossen eiszeitliche Gletscherströme, durch die die Talböden früher schon bestehender Talformen breiter und die Talhänge wesentlich steiler wurden. Fast alle Tauerntäler weisen Stufen auf, bevor sie ins Salzachtal einmünden. Wenn Seitentäler nicht auf gleicher Höhe in Haupttäler münden können, erzwingen sich die höhergelegenen Wässer entweder durch sehr enge Klammen oder Wasserfälle den Weg ins Haupttal: wie z. B. die Kitzloch- und Seisenbergklamm und die Krimmler Wasserfälle.

Die *Keesberge* haben eine beachtliche wirtschaftliche Bedeutung als hochgelegene Wasserspeicher. Infolge der Höhenlage und Gletschernähe sind die Tauerntäler wasserreich, so daß Gräser und tiefer auch Sträucher und Bäume geeignete Lebensbedingungen finden und Almen sich über der Waldgrenze ausbreiten. Unterhalb der Gletscher können durch heftige oder langandauernde Regenfälle oder bei Schneeschmelze gefährliche *Wildbäche* entstehen. Menschen, Siedlungen und Verkehrswege sind außerordentlich gefährdet. Im Pinzgau sind 294 Wildbäche registriert, davon 153 in Verbauung, 141 unverbaut.

Die heutigen Formen unserer Gebirge, ihre Gipfel, Grate, Scharten, Plateaus und Terrassen sind echt abhängig von der Verwitterbarkeit des Gesteins und recht junge Gebilde der Erdoberfläche.

Josef Eder

Von Wirtschaft, Handel, Verkehr

Der Pinzgau war früher vorwiegend bäuerlich und auf Selbstversorgung angewiesen, auch im Getreidebau, durch Unwetter oft in Frage gestellt; es gab Kornhöfe u. a. noch in Hintertal, in der Fusch, im oberen Oberpinzgau. Der bäuerliche Anteil der Bevölkerung ging in letzter Zeit sehr zurück, der Feldbau verringerte sich, der Viehbestand blieb ziemlich gleich.

Vergleichszahlen:

Aktive Höfe gab es 1954 2997, 1968 2446, 1976 2165.

Anbauflächen:	1950	1973
Weizen	536 ha	—
Roggen	749 ha	5 ha
Gerste	176 ha	25 ha
Hafer	308 ha	30 a
Kartoffeln	459 ha	107 ha
Flachs	6 ha	—

Viehbestand:	1939	1976
Rinder	41.806	40.390
Pferde	3.330	1.388
Schafe	18.012	10.481
Schweine	10.815	9.803
Ziegen	9.256	1.325

Wegen des Mangels an Arbeitskräften mußte die Almwirtschaft eingeschränkt werden.

Die Zentrale des *Pinzgauer Rinderzuchtverbandes* befindet sich in Maishofen, wo große Viehversteigerungen stattfinden; bestqualifizierte Rinder werden in drei Kontinente exportiert.

Die *Pinzgauer Molkereigenossenschaft* in Maishofen verarbeitet eine Jahresanlieferung von 20 Millionen kg Milch, davon 25% zu Frischmilch, 40% zu Käse, 5% zu Schlagrahm und Butter (womit der Bedarf des Gaues gedeckt ist) sowie 30% Milchprodukte für den Versand woandershin.

Bergbau gab es schon in vorgeschichtlicher Zeit in den Schieferbergen, besonders bei Viehhofen auf Kupfer, bei Dienten auf Eisen. Im 15. Jh. wurden viele Bergbaue betrieben, bis ins 19. Jh. gingen fast alle ein. Der *Goldbergbau,* besonders im Rauriser Tal, begann stärker im 14. Jh., kam im 19. Jh. zum Erliegen, hatte eine kurze Nachblüte 1880—1888. Derzeit wird Scheelit im Felbertal, Diabas bei Saalfelden, Schiefer bei Rauris abgebaut.

Das *Handwerk* war früher bedeutend. Davon zeugen u. a. beachtliche zirbengeschnitzte und bemalte bürgerliche und bäuerliche

Möbel. Gediegenes Kunsthandwerk war z. B. in der Barockzeit vertreten durch die Meister Bildhauer Daniel *Mayr* (Gerling), Tischler Veit *Häusl* (Maria Alm), Bildhauer Peter *Schmid* (Mittersill) und die Tischler *Hacksteiner* (Rauris).

An *Industriebetrieben* sind zu nennen: Salzburger Aluminium Ges. m. b. H. (SAG), Lend, 68 Sägewerke, 7 Textilbetriebe, Blizzard-Skifabrik Arnsteiner, Mittersill, die Druckereien Sochor in Zell am See, Peichär in Saalfelden, die Reproduktionsanstalt G. Ludwig, Zell am See, die Fahnenfabrik Gärtner, Mittersill, Zell-Metall und Senoplast, Kaprun.

Die *Wasserkräfte* werden ausgenützt durch die Kraftwerksgruppe Glockner-Kaprun der Tauernkraftwerke, die Kraftwerksgruppe Stubachtal der Österreichischen Bundesbahnen, Bärenwerk- und Dießbachkraftwerk der Salzburger AG für Elektrizitätswirtschaft (Safe), die werkseigenen Anlagen der Salzburger Aluminium Ges. m. b. H.

Das heimische *Kupfer* war Grundlage eines weitreichenden Handels in vorgeschichtlicher Zeit. Auf den Straßen der Römer vollzog sich reger Handel. Früh waren die Märkte Saalfelden, Zell, Mittersill, Lofer, Taxenbach für den Handel bedeutsam. Vom 12. bis 17. Jh. ging der Verkehr mit Pferden in Saumzügen auf der „Oberen Straße": Salzburg—Saalachtal—Fusch bzw. Salzachtal—Rauris über das Hochtor und den Felber Tauern bis Gemona in Friaul. Hinüber wurden Salz, später auch Massenwaren der Augsburger und Nürnberger Handelshäuser, herüber Rabiola-Wein aus Friaul, Honig aus Krain, Gewürze und Stoffe aus Venedig geliefert. Auch Vieh wurde über die Tauern getrieben. Ein Eisen-Saumweg führte von Flachau und Dienten über Leogang nach Tirol. Lofer lag an der Handelsstraße Salzburg—Tirol. Durch die Napoleonischen Kriege kam der Fernhandel zum Erliegen, der örtliche Handel wurde bescheiden.
Dank dem Waldreichtum des Gaues hat der Holzhandel noch Bedeutung.

Verkehrswege: Schon in vorgeschichtlicher Zeit gab es zahlreiche Wege; die Tauernübergänge Hochtor, Kalser Tauern, Felber Tauern sind durch Funde bezeugt. „Tauern" dürfte noch ein illyrisches Wort sein.
Römerstraßen führten durch das Saalachtal und Salzachtal, über das Hochtor ein Karrenweg.
Für die vielen Tauerngeher gab es „Tauernhäuser" als Stützpunkte, für die der Landesherr jährliche „Tauernprovisionen" (= Zuwendungen) gab.
1534 wurde die Straße durch die Gasteiner Klamm, 1582 die Hochstraße Bruck—Zell am See, 1805 bis 1807 eine Fahrstraße über den Hirschbühel, 1841 die Reichsstraße Lend—Paß Thurn errichtet. 1928 erhielt der Gau anläßlich der 700jährigen Zugehörigkeit zum Lande Salzburg den „Ronach-Güterweg".
Von großer Bedeutung sind die Großglockner-Hochalpenstraße seit 1935, die Gerlosstraße seit 1962, die Felber-Tauernstraße seit 1967.

Die *Post* besorgten Anno 1660 „Kammerboten" mit ihren Plachenwagen zwischen Salzburg, Taxenbach, Rauris bzw. Lofer, Saalfelden, Zell, Mittersill, Bramberg, auch nach Leogang und ins Glemmtal. Die Erzbischöfliche Fahrpost wird 1689, eine Poststation in Saalfelden und Taxenbach 1703 genannt. Seit 1850 nahm die österreichische Post einen starken Aufschwung. 1975 legten die Postautos des Pinzgaues 1,456.647 km zurück und beförderten

4,200.927 Personen, auf der Strecke Zell am See—Kaprun-Schrägaufzug Lärchwand allein 1,011.780 Fahrgäste.

Die erste Telegrafenleitung wurde 1849 von Lend über Zell, Lofer nach Innsbruck, die zweite 1859 von Bruck über Mittersill und den Paß Thurn geführt, erst später gab es Telegrafenämter im Bezirk.

Haupt- und Schlüssel-Postamt ist Zell am See.

Der automatische Telefon-Wählbetrieb wurde im Gau 1948 eingeführt, 1976 gab es 9260 Telefonanschlüsse. Über das Koaxialkabel (seit 1951) können über Zell am See zwischen Salzburg und Innsbruck gleichzeitig 5400 Gespräche geführt werden.

Eine wesentliche Belebung des Pinzgaues erfolgte durch die Eröffnung der *Eisenbahn* Salzburg—Innsbruck 1875 und der Strecke Zell am See—Krimml 1898. Derzeit fahren in 24 Stunden im Bahnhof Zell am See etwa 137 Züge der Westbahn und der Pinzgauer Lokalbahn durch oder ab.

Eine Frühform des *Fremdenverkehrs* waren die einst zahlreichen Wallfahrten („Pinzgauer Wallfahrt": Ferleiten—Heiligenblut, „Almer Wallfahrt" über das Steinerne Meer nach St. Bartholomä am Königssee, „Glemmer Wallfahrt" über die Murnauer Scharte nach Stuhlfelden und Krimml usw.).

Der *Alpinismus* begann um die Wende zum 19. Jh. Die Erstbesteigung des Großvenedigers, 1841, war ein Ereignis.

Im Laufe des letzten Jahrzehnts entstanden im Fremdenverkehr neben dem alten Zentrum Zell am See neue Ballungsräume: Lofer, Alm-Leogang, Saalbach, Kaprun, Neukirchen-Krimml.

Der moderne Fremdenverkehr hat den Pinzgau wirtschaftlich, sozial, gesamtstrukturell stark beeinflußt. Fast 50 % der Wirtschaft basieren auf ihm.

Richard Treuer

Zur Geschichte und Kunst

Die *Jungsteinzeit* ist im Gau durch Funde aus Saalfelden und St. Georgen belegt.

In der *Bronzezeit* gab es zahlreiche Siedelstellen vom Kirchbichl in Eschenau bis zum Falkenstein bei Krimml, von Unken bis zur Bürg inner Kaprun, Einzelfunde bezeugen Bergbaue, Wege, Übergänge, Gräber.

Auch aus der frühen *Eisenzeit* der Veneter (Venedigermandl-Sagen!) und der späten Eisenzeit, in der die Kelten eindrangen (ihre Gauburg war der Biberg bei Saalfelden), gibt es Funde.

Die *Römer* besetzten 15 vor Chr. den Gau, in dem sich der Keltenstamm der Ambisontier zur Wehr setzte, zwangen ihn im Verband der Provinz Noricum in ihr Reich. In den fast 500 Jahren ihrer Herrschaft mengte sich bodenständige keltische mit römischer Kultur.

Im 6. Jh. kamen die *Baiern,* bis ins 9. Jh. gab es noch kelto-romanische „Walchen".

Der Pinzgau gehörte zum Herzogtum Bayern, bis 1228 Erzbischof *Eberhard II.* die beiden Grafschaften Oberpinzgau (der Grafen von Lechsgemünd, Mittersill, Matrei) und Unterpinzgau (der Grafen von Plain) eintauschte und dem Geistlichen Reichsfürstentum Salzburg einfügte. Erzbischöfliche Beamte („Pfleger") auf den Burgen

Luftenstein, Lichtenberg, Kaprun, Taxenbach, Mittersill waren nun Verwaltungsbeamte, Richter und Kommandanten. Neben dem Erzbischof gab es noch den Bischof von Chiemsee, einheimische und auswärtige Klöster, Kirchen, Adelige als Grundherren, denen vielerlei Abgaben, Hand- und Spanndienste zu leisten waren. Die Bauern wurden zwar schon nach 1400 persönlich frei, die Aufhebung der Grundherrschaft brachte aber erst das Jahr 1848.

Der *Bauernkrieg* 1525 ging glimpflich, eine neuerliche Erhebung 1526 unglücklich aus.

Die Protestanten-Auswanderung von 1731 bis 1732 war menschlich, wirtschaftlich und bevölkerungsmäßig zu beklagen.

1805 und 1809 kämpften die Pinzgauer Schützen heldenhaft für die Freiheit der Heimat gegen Franzosen und Bayern, 1803 wurde das Geistliche Reichsfürstentum Salzburg aufgehoben, 1810 kam das Land an Bayern, 1816 endgültig an Österreich, aber nur als „Salzachkreis des Landes Oberösterreich"; der Pinzgau wurde zum vergessenen Winkel mit Überschwemmungen, Seuchen, Not. Der Pfleger von Mittersill, Ignaz Ritter von Kürsinger, erreichte vom Kaiser Abhilfen, aber der Pinzgau blieb arm. 1850 wurde Salzburg ein eigenes Kronland, 1861 erhielt es einen Landtag, 1867 wurden die Pfleggerichte zur Bezirkshauptmannschaft Zell am See zusammengezogen. Seinerzeit gab es u. a. Rotten und Kreuztrachten zur Organisation öffentlicher Aufgaben, seit 1849 gibt es als Verwaltungseinheiten Gemeinden — derzeit 28 im Bezirk.

Nach der Legende brachte der hl. Vital das *Christentum* in den Gau. „Bisontio" wird urkundlich 743, die „cella in bisontio" und Saalfelden werden 788 erwähnt. In den Güterverzeichnissen Arnos, 798 erster Erzbischof von Salzburg, sind auch Besitzungen im Pinzgau, u. a. Zell, verzeichnet.

Urpfarren waren: Taxenbach, Zell am See, Piesendorf, Stuhlfelden und Saalfelden; als „Altpfarren" sind St. Martin bei Lofer und Bramberg anzusprechen. Sie hatten große Gebiete zu betreuen, erst im Laufe der Jahrhunderte wurden eigene örtliche Seelsorgen errichtet.

Das *Bistum Chiemsee* hatte besondere Beziehung zum Pinzgau: Erster Bischof wurde 1217 der letzte Propst des Augustiner-Chorherrenstiftes Zell. Diese Bischöfe waren praktisch Weihbischöfe und Vertreter des Erzbischofs nördlich der Alpen, hatten im Gau Besitzungen und amtierten hier häufig.

Derzeit gibt es 34 Pfarren im Gau!

Nur bescheidene kunstgewerbliche Hinweise bieten *Einzelfunde* aus Bronze (Schwerter, Messer, Fibeln) und Keramik aus vorgeschichtlicher Zeit, der Biberg-Hirsch ist eine kelto-römische Arbeit. Der römische Bronzefund von Zell am See (fünf verzierte Gefäße verschiedener Herkunft) stammt aus dem 1. bis 2. Jh. nach Chr.

Die 1975 abgeschlossene Restaurierung der *Stadtpfarrkirche St. Hippolyt zu Zell am See* erbrachte den Nachweis einer vom Erzbischof erbauten ottonischen Saalkirche des 10. Jh.s (später abgetragen) unter der romanischen Pfeilerbasilika mit Dreiapsidenabschluß und alter Krypta. Romanisch sind auch das Südportal der Kirche Stuhlfelden und Kerne der Ruinen von Pinzgauer Burgen, wohl auch der „Vogtturm" zu Zell am See.

Die *Gotik* hinterließ zahlreiche Kirchen (u. a. Felben, Maria Alm) und Kirchtürme. Erhalten blieben die Marienklage zu Bramberg (Steinguß von 1415), sitzende und stehende Madonnen zu Bruck, Zell am See, Maria Alm, Kirchental, Stuhlfelden, Bramberg, Neukirchen, Krimml sowie andere sakrale gotische Holzplastiken; die reiche Empore von 1514 in Zell am See, die Marmorretabel von 1518 in St. Georgen usw. Von den beachtlichen Fresken der Stadtpfarrkirche zu Zell am See konnten nur Reste aus den ersten Jahrzehnten des 14. bis 17. Jh.s aufgedeckt werden. In anderen Kirchen (Wald, Krimml, St. Georgen) erhielten sich nur wenige Wandmalereien.

Im *Barock* entstanden qualitätsvolle Kirchen-Neubauten (so schuf 1694—1699 Johann Bernhard *Fischer von Erlach* die Wallfahrtskirche Kirchental) und Barockisierungen (z. B. Maria Alm, Leogang usw.).

Die große Muttergottes am Fröstlberg, ehemals in der Kirche zu Rauris (Hans Waldburger? um 1630) und die Engel der Einödkapelle sind Kostbarkeiten des Frühbarock. Heimische Meister des Barock und Rokoko schufen glanzvolle Altäre, Kanzeln, Orgelprospekte, Figuren, farbfrohe Fresken und Altarblätter gaben Akzente.

Die Wiederbelebung der Glasmalerei zeigen die Scheiben zu Mittersill von Hans *Hauer* und Franz *Sträußlberger* (1840).

Professor Anton *Faistauer,* einer der bedeutendsten Maler Österreichs nach dem Ersten Weltkrieg, war ein gebürtiger Maishofener.

Von reicher, mannigfaltiger und kerniger Volkskunst zeugen Kapellen, Bildstöcke, Kreuze, Krippen, Votivtafeln, aber auch bürgerliche und bäuerliche Möbel — geschnitzt und bemalt —, Trachten, Instrumente, Fahrnisse, Gegenstände des Brauchtums, des Festefeierns und der Arbeit.

Richard Treuer

Literatur-, Quellen- und Fotonachweis

Literatur
Frodl-Fuhrmann: Salzburger Kunststätten, 1956.
Götz, J.: Tauernkraftwerke AG, Kraftwerksgruppe Glockner-Kaprun, 1973.
Katholisches Pfarramt Zell am See: Die Kirche Zum hl. Hippolyth, 1975.
Lahnsteiner, Josef: Oberpinzgau, 1956; Unterpinzgau, 1960; Mitterpinzgau, 1962.
Martin, Franz, Dr.: Kleine Landesgeschichte von Salzburg, 4. Aufl. 1971.
Neuhardt, Johannes, Dr., Msgr.: Kleiner Kirchenführer Felben, 1973.

Beiträge und Beratungen
Eder, Josef, HD, OSR, Zell am See: „Die Landschaften".

Bildtextbeiträge: *Prodinger, Friederike,* Dr., Direktor des Salzburger Museums; *Stüber, Eberhard,* Dr., Direktor des Hauses der Natur, Salzburg; *Hein, Wolfram,* Dipl.-Ing., Verbandsdirektor, Maishofen.

Beratungen durch:
Stöger, Josef, Ing., Berufsschulinspektor, Salzburg;
Bezirksbauernkammer Zell am See;
Gebietsbauleitungen der Wildbachverbauungen Oberpinzgau, Mittel- und Unterpinzgau;
Brennsteiner, Anton, HD, OSR, Uttendorf;
Güntherr, Hans, HD, OSR, Lofer;
Kammer der Gewerblichen Wirtschaft, Zell am See;
Hönigschmied, Hans, HD, OSR, Bramberg;
Leitung des Fernmeldedienstes Zell am See;
Post- und Telegrapheninspektorat Salzburg;
Krammer, Alois, HD, OSR, Lend;
Lauth, Gerbert, VD i. R., OSR, Mittersill;
Pichler, Walter, HD, OSR, Taxenbach;
Wiesinger, Wolfgang, HD, Kaprun.

Fotonachweis
Blick zu den Hohen Tauern: *Foto Karl Haidinger,* Zell am See (Foto und Widmung)
Rinderzuchtzentrale: *Kniely, Armin,* Dipl.-Ing., Mayrhofen
Skidorf Saalbach: *Verkehrsamt Saalbach* (Widmung)
Saalbach-Hinterglemm: *Verkehrsamt Saalbach* (Widmung)
Königsurkunde von 1228: *Lichtbildwerkstätte Alpenland,* Wien
Am schneereichen Asitz: *Steidl, Albert,* Dr., Dipl.-Kfm., Leogang (Foto und Widmung)
Luftbild von Maria Alm: *Verkehrsamt Maria Alm* (Widmung)
Pinzgauer Ofenecke: *Foto Therese Stasny,* Bruck (Foto und Widmung)
Unterer Krimmler Fall: *Bojer, Josef,* Pfarrer, Wien (Foto und Widmung)
Luftbild des Plattenkogels: *Verkehrsamt Krimml* (Widmung)
Ranzen (1—3): *Foto Therese Stasny,* Bruck; (4): *Foto Faistauer,* Zell am See
Weißkopfgeier: *Foto Anrather,* Salzburg

Farbbilder
Gletscherhahnenfuß, Wiegenwald: *Stüber, Eberhard,* Dr., Prof., Salzburg (Foto und Widmung)
Tauernröserl: *Robl, Ferdinand,* HOL, Lend (Foto und Widmung)
Alle anderen Blumen: *Grausgruber, Wolfgang,* VD, OSR, Wald (Foto und Widmung)
Rauchquarz und 4 Kristalle: *Foto Engelke,* D-5063 Overrath
Spanschachteln, Schmuck, Frauentrachten: *Foto Therese Stasny,* Bruck (Foto und Widmung)
Votivtafeln, Almabtriebsgeläut, Maria Alm (Umschlagbild, Wappenwand): *Foto Horst Stasny,* Bruck a. d. Glstr. (Foto und Widmung)
Zell am See: *Foto Karl Haidinger,* Zell am See (Foto und Widmung)
Kapruner Stauseen: *Foto Walter Hühne,* Zell am See (Foto und Widmung)
Loferer Alm: *Dankl, Hans,* Grafiker, Lofer, *Verkehrsamt Lofer* (Widmung)
Tresterer: *Dapra, Josef,* Dr., Salzburg, Landesverkehrsamt Salzburg (Widmung)
Bauernmöbel, Marienklage: *Hönigschmied, Hans,* HD, OSR, Bramberg (Foto und Widmung)

Alle übrigen Schwarzweiß- und Farbbilder: *Treuer, Richard,* RR, Zell am See.
Die Fotoausarbeitung besorgte die Firma *Foto Therese Stasny,* Bruck; die Farbreproduktionen Firma *G. Ludwig,* Zell am See.

Verzeichnis der Abbildungen

Seite	Bildmotiv	Seite	Bildmotiv	Seite	Bildmotiv
9	Das Habachtal	61	Mooserboden	107	Unkener Tresterer
10	Pinzgau vom Hochkönig	62	Piesendorf	108	Stelzentänzer
11	Dientner Graben	63	Niedernsill	109	Eisschießen
12	Dienten am Hochkönig	64	Naglköpfl gegen Osten	110	Holzziehen
13	Eschenau und Lend	65	Naglköpfl gegen Westen	111	Das Heuziehen
14	Hochfläche von Embach	66	Uttendorf	112	Der Spankorbmacher
15	Einblick ins Rauris	67	Tauernmoossee	113	Schindelmacher
16	Taxenbach	68	Ostteil Stubachtal	114	Goaßlfahren, Zeller See
17	Obere Kitzlochklamm	69	Südostabschluß Stubachtal	115	Die Tanzlmusik
18	Markt Rauris	70	Stuhlfelden u. Salzachtal	116	Ranzen
19	Bärnkogel und Sladin	71	Mittersill	117	Maskenschnitzer
20	Kolm-Saigurn, Sonnblick	72	Ofenecke, Mittersill	118	Pflügen am Hang
21	Goldzechkopf, Hocharn	73	Felbertauernstraße	119	Hagrichten
22	Knappenlaternen	74	Amertal mit See	120	Viehumtragen
23	Weberpalfen bei Gries	75	Kratzenbergsee	121	Palmsonntag
24	Bruck/Glstr., Fuscher Tal	76	Hollersbach	122	Pinzgauer Wallfahrt
25	Fusch, Hirzbachfall	77	Mühlbach bei Bramberg	123	Jakobiranggeln
26	Großglocknerstraße	78	Bramberger Sonnberg	124	Alter Backofen
27	Käfertal u. Fuscher Eiskar	79	Sonnberg salzachaufwärts	125	Almarbeit
28	Zeller See gegen Norden	80	Der Kaarsee ob Bramberg	126	Milch-Holzgebinde
29	Flachboot	80 ff.:	Farbbilder	127	Buttermodel
30	Zell von Schmittenhöhe		Bergblumen Rauchquarz	128	Weißkopfgeier
31	Hohe Tauern		Kristalle Loferer Alm	128 ff.:	Farbbilder
32	Maishofen		Kapruner Speicher Luft-		Tresterer Almabtrieb
33	Rinderzuchtschau		bild Zell am See Ritzen-		Fraubuschen Pinzgauer
34	Saalbach, Schattberg		see Wiegenwald		Schützen Frauentrachten
35	Saalbach, Hinterglemm	81	Weyerturm bei Bramberg		Votivtafeln St. Nikolaus
36	Altenberg, Wirtsalm	82	Rauchküche Penkerhof		Schmuck Bauernmöbel
37	Bronzefunde	83	Detail Rauchküche		Steinguß-Pietà Mutter-
38	Römerfunde	84	Habachtal, Venediger		gottes Almabtriebglocken
39	Pergamenturkunden	85	Neukirchen a. Grv.	129	Enzian
40	Urkunde von 1228	86	Das „Rosental"	130	Heutragen
41	Xandi Schläffer	87	Untersulzbachfall	131	„Schaflschoad"
42	Saalfelden	88	Wald, Waldberg	132	Almabtrieb
43	Leogang	89	Krimml von Paxrain	133	Bauernmühle
44	Asitz bei Leogang	90	Großvenediger, 3674 m	134	Brechelhütte
45	Die „Hohlwege"	91	Dreiherrnspitze	135	Flachsbrecheln
46	Maria Alm im Winter	92	Krimmler Wasserfall	136	Gebildbrote
47	Steinernes Meer	93	Oberer Wasserfall	137	Leonhardisegen
48	Karrenfeld	94	Seebachsee	138	Wolltatschen
49	Dießbachboden	95	„Wunden-Christus"	139	Spinnstube
50	Dießbachstausee	96	In der Wilden Gerlos	140	Hausweberei
51	Maria Kirchental	97	Rainbachkarscharte	141	Irdene Gefäße
52	St. Martin	98	Luftbild Plattenkogel	142	Im Herrgottswinkel
53	Lofer mit Steinbergen	99	Die Königsleiten	143	Alpererfahren
54	Blick vom Grubhörndl	100	Wildgerlos von Königsleiten	144	Frautragen
55	Loferer Ländchen	101	Salzachursprung	145	Schiachperchten
56	Einhöfe Hallenstein	102	Salzachjoch	146	Anklöckln, Rauris
57	Feste Kniepaß		„Das heimatliche Jahr"	147	Anklöckln, Fusch
58	Unken vom Steinpaß	104	Kind in der Wiege	148	Bachllaib
59	Loferer Alm	105	Rauchengehen	149	Brotmodel
60	Kaprun	106	Schnabelperchten	150	Krippenfiguren

Der Pinzgau

Fläche: 2641 qkm

höchster Berg: Großvenediger 3674 m

tiefster Punkt: Saalach bei Melleck: 519 m
Gewässer: außer Salzach und Saalach — etwa 40 große Bachläufe und insgesamt rund 294 Wildbäche, davon 141 unverbaut

Bezirkshauptmannschaft: Zell am See: Stadt

6 Märkte: Lofer, Mittersill, Neukirchen, Rauris und Taxenbach

sowie Saalfelden als größter Ort